「頭のいい人」はシンプルに生きる

ウエイン・W・ダイアー［著］
渡部昇一［訳・解説］
上智大学名誉教授

三笠書房

目次

1 「いい人生」を生きるための約束事

2 簡単にできる「心の鍛え方」

3 無駄なエネルギーは使わない

4 「自分は自分」と賢く割り切る

5 もっと「動ける人」になる

6 生きるのが断然ラクになる「現実」とのつき合い方

病気のほうから逃げ出す「心の持ち方」　241
悩みはすべて「ぜい肉」になる　243
もうクヨクヨしない、「現実」との賢いつき合い方　246
「どうしても許せない人」への対処法　250

7 人生で成功する人の「いい習慣」

これこそが正真正銘の〝クリエイティブ人生〟　256
どんなときでも「今」「ここ」を楽しむ法　258
「変わること」を恐れるな、億劫がるな　260
毎日を「一番ポジティブな自分」で生きる！　263
「どうでもいいこと」にこだわるエネルギーは他へまわせ　265
「正解が一つ」のものはこの世にない　266
いつまで「サル真似」をしているのか　270

◆訳者のことば

自分を大切にすればこそ、「シンプルな生き方」を

渡部昇一

いくつかの引用からはじめてみよう。

世の中には、自分の力の及ぶものと及ばないものとがある。

力の及ぶものとは判断、努力、欲望、嫌悪など、自分の意志により生み出し、獲得できるもの。一方、力の及ばないものとは、身体的条件や財産、名誉、地位など、自分の意志だけではどうすることもできないものをいう。

力の及ぶものに関しては、自分で自由にコントロールすることができ、他人から禁止されることも、妨害されることもない。反対に、力の及ばないものは、相手次第で邪魔されやすく、他の力によりコントロールされてしまう。

これを簡単に言えば、世の中には自分の自由になることと、ならないことの二つがあるということである。つまり、自分の意志で自由に選択できることと、そうでないものとである。

たとえば早寝しようとか、散歩に出かけよう、というような簡単な決心から、「この点についてはくよくよしないことにしよう」というような相当むずかしい決心にいたるまで、いろいろな決心、つまり自分の意志による選択がある。しかしこれらは、この難易にかかわらず、根本的には同じである。つまり自分の選択なのであるから、自分の心がけ次第で何とでもなるということである。

これに反して、自分の意志をどのように持ったところで、またどのような選択をしたところで、どうにもならないものがある。たとえば、名声である。

戦後、最も有能な首相は吉田茂だったということに、たいていの人は反対しないであろう。しかし、当時の新聞を図書館に行って開いてみればわかるように、吉田首相に対する悪罵《あくば》は紙面いっぱいである。そして、今日でもいくらかの人は吉田さんに批判的であろう。

戦後最も有能だった政治家でも、悪口を言われたり反対されたりしていたのである。つまり、みんなの気に入ってほめられることなどは、あり得ないのだ。

目を世界に向けてみても、ギリシャ人はソクラテスを死刑にし、ローマの元老院はシーザーを暗殺し……といった例で歴史は満ちている。こういう偉大な人物でさえ、自らの価値を他人からは認められぬまま、非業《ひごう》の死をとげた。

凡人の世界でも似たようなもので、ただそのスケールが小さくなって起こっているだけである。つまり、他人の思わくなどは、いくら考えても自分の自由になるものではないのである。

とすれば、生き方は一つである。自分の選択のきく範囲では、つまり自分の意志次第のことに関してはできるだけのことをやり、その結果に対する他人の思わくを気にしたところで仕方がない、ということである。きわめてシンプルな考え方であり、生き方である。

自分の強さは自分の考え方、心の持ち方一つにある

また別の引用をあげてみよう。

次に言うのは、論理的に間違えている。

「私は君より金持ちである。だから私のほうが優れている」

あるいは「私は君より話すのがうまい。だから私のほうが優れている」。

論理的には、次のように言うのが正しい。「私は君より金持ちである。したがって

私の経済状態のほうが君のそれより優れている」。「私は君より話すのがうまい。だから私の話し方は君のそれより優れている」。

だが君自身は財産でもなければ、話し方でもないのである。

この考え方は、自分の価値は、自分という存在そのものにあるのであって、外面的な成功とか失敗にあるのではないということである。

これを宗教的に解釈して、「神の目の前には皇帝も乞食も同じであり、ただ個人としての心がけのみが問題になる」と言ってもよい。あるいは特定の宗教を考えなくても、「自分の価値は自分であることにある」という考え方は、少し哲学的に考え得る人には明らかであろう。

自分の究極的価値は自分自身、もっとはっきり言えば自分の心の状態を知ることにある。これは「悟り」というものに近いであろう。

もう一つ引用をかかげてみよう。

自分の身体を自由にする権利が、見ず知らずの人間の手で思うままにされたら、君は黙ってはいられないだろう。それではなぜ、君がつまらぬ人間と喧嘩して、その男に、自分の気持ちを自由にする権利をゆずり、その結果イライラし不安に落とされるのに、腹を立てないのか？

自分の意に反して押されたり、引っぱられたり、あるいはなぐられたり、蹴とばされたりしたら、誰でも腹を立てるだろう。それを止めさせるためには、どんなことでもするであろう。警察や裁判所に訴えても、やめさせようとするであろう。しかし、あなたは自分の意に反して悲しまされたり、みじめな思いをさせられても、それをやめさせる対抗手段をあまり考えない。もちろん警察や裁判所の出る幕ではない。

自分の心をあやつる糸を他人に勝手に引きまわさせず、あやつり人形の如く生きるのはやめ、自分の意志を貫いて生きる——これが、本書の原題〝*Pulling Your Own Strings*〟（自分自身をあやつる糸は自分で引くこと）の意味である。

私の多難な青年時代を支えてくれた〝一生の師〟

さて、今まで三つの引用文をあげたが、それは誰によって書かれたかをあなたはあてることができるだろうか。

これは西暦五〇年ごろに生まれた、ストア派の哲学の代表的人物であったギリシャ人、エピクテトスの『提要』からとったものである。

このエピクテトスの考え方こそ教師や生徒の個性の形成に最も重要なものである、と信じたカール・ヒルティ（一八三三－一九〇九）は、これを翻訳し、それに解説をつけてスイスの教員養成学校の雑誌に掲載したのであった。この引用文はヒルティの有名な『幸福論』の第一巻に収められている（本文の引用は、意訳してある）。

日本では、明治に東京大学が創設されるとまもなく哲学教師としてドイツから招かれたラファエル・フォン・ケーベル博士が、ヒルティのこの本を座右の書として終生手放さなかったこともあって、日本の読書界にも広く読まれるようになった。

それとともにエピクテトスも「いかに生きるべきか」を真面目に求める人によって、愛読されるようになった。私も、ヒルティの『幸福論』（岩波文庫・草間平作訳）を、学生時代から何度読み返したかわからない。

このことは私が多感な、また多難な青年時代に、なんとかノイローゼの一歩手前で踏み止まり得た大きな理由でもある。今回再び読み返し、ヒルティもエピクテトスも少しも古くなってはおらず、わが一生の師であることをあらためて実感した。

「いかに生きるか」を説いたストア哲学の極上のエッセンス

ところでなぜ、ここにエピクテトスからの引用をかかげ、また、ヒルティに言及するのか、と読者は不審に思われることであろう。

それは、本書がエピクテトスの現代版であると、私が信ずるからである。原著者ダイアーはアメリカの精神分析学者である。精神分析学者が現在のアメリカ人の問題を職業的に扱っているうちに到達した結論が、エピクテトスの哲学とまったく同じであるということこそ、目ざましいことではあるまいか。別の言い方をすれば、エピクテトスの哲学を、精神分析学の原理やそこで扱われる症例にもとづいて、現代人にもわかりやすく書くと、本書になるのである。

哲学書を読んで、今日ただ今の自分の生き方の問題を処理するための心術を練る、というような人は稀であろう。

今日、哲学と言えば、大学の教養課程で教えられる哲学史的知識か、毒にも薬にもならぬ哲学概論か、それとも文献学的解釈かになってしまい、「人生いかに生きるか」ということとは関係がなくなってしまっているからである。

しかし、人間は誰でもエピクテトスの時代と同じく、「いかに生きるか」を探し求めているのだ。昔の人が哲学や宗教で果たしたことを、心理学者がカウンセリングや内服薬で助けるのが現代である。

けれども、人間の本質についての哲学的洞察から、生き方の解答を得るのが、ものを考える人間の品位によりふさわしいことであろう。

ダイアーは現代の心理学から出発して、再びエピクテトスの哲学を説くのである。説き方はエピクテトスの如くではない。それは、心理学者の実践的なカウンセリングのことばでなされている。われわれは通俗心理学書を読むような気軽さで読み進めているうちに、いつの間にか、ストア哲学の最善なる部分に案内されていることを知るのである。

妥協もムリもしない「生き方の極意」

著書ウエイン・ダイアー博士は、ニューヨークにあるセント・ジョーンズ大学医学部大学院で心理学を教え、臨床治療もやっていた。

しかし、驚異的な大ベストセラーとなった前著〝*Your Erroneous Zones*〟(『自分のための人生』渡部昇一訳/三笠書房刊)の印税のおかげで億万長者となって退職、フロリダ州の海岸に住み、もっぱら研究と著述の生活を送っている。再婚者であり、先妻の娘が一人いる。

結婚と言えば、ハーバード・ミトギャングとのインタビューで、ダイアーも次のようなことを言っている。

結婚とは相互適応のように言われているが、本当はお互いが折れて妥協することは無用である。亭主は野球に行きたいし、女房はオペラに行きたい、という場合、どちらかが我慢して行きたくないところに行く必要はないのだ。お互いに行きたいほうに行くのがよい。

それぞれ好きなほうに行って、そのあとで素敵な夜食でも一緒にして、お互いに楽しかったことを話し合えばよい。一緒にいる時間はいっぱいあるのだから。

たしかに欧米人の行動様式は夫婦一単位ということが多い。オペラやベースボールにまでお互いがつき合っていたのでは、長い一生にはたまらなくなることもあろう。その点、かえって日本では、夫婦が、それぞれ自由にやっていて、うまくいっている家庭が少なくない。

また、少し年輩の夫婦なら、お互いに「悟り」ができていてスムーズに行くが、若い夫婦だと、お互いに相手をコントロールしようと張り合うので、家庭内緊張度が高まるという場合も見受けられるようだ。

人の思わくに左右されない「強い自分」の築き方

このあたりが一種の逆説になるところである。ダイアーが説くのは徹底的な「自分のための自分」である。そんなことで家庭や会社や国家がうまくいくであろうか。そういう疑問に対しては、それはそうでないよりはうまくいくであろう、と答えることができる。

なぜなら、人は自分で判断するようになると、卑屈な隷属感《れいぞくかん》からではなく、やるべきことを進んでやる、あるいは義務としてよろこんでやるようになるものだからである。プライバシーが厳重に護られている人は、人前に出たときは、愛想よく、ふるまいも品がよくなることは一般に観察されることである。

人に会ったときに、上機嫌な顔、あるいは温顔を保つのが、あるべき姿であるということは誰にでもわかる。しかし、プライバシーが確立していない人は、くたびれたり、温顔のための努力をしたくないときも一人でいるわけにはいかないので、ついつい苛立った声を出したり、とげのある顔をしたりする。またそうできる立場にない人は、追従笑《ついしょう》いのような表情を固定させるようになる。

しかし、プライバシーの禁域の中に完全に入り込める人は、いつでも心に余裕がある。または余裕を取り戻す機会が充分にある。私はそのいい例を、修道院の神父さんや修道女たちに見るような気がする。孤独な時間が保証されているので、人前に出るときは温顔たり得るのであろう。

　私が日本の学生寮にいたときは、人間嫌いだった。というのは、プライバシーのない生活形態だったので、いつ他人が訪ねてくるかわからない。そのために、人に会いたくない、人と一緒に仕事をしたくない、という反社会的な結果が生じた。

　ところがドイツに留学してみると、そこの学生寮は、ホテルみたいなところであり、プライバシーが完全に近く保証されていた。そこに住んでいるうちに、私はいつの間にか、友人と愛想よくやっていける人間に変わった。

　自分をあやつる糸は自分で引くのだ――という生活の態度が確立すると、かえって、他人のために、また組織体のために、自分から進んで自分を動かすようになると思う。その場合、卑屈に自分を殺してペコペコするのとは、一見似ているようでありながら、内面的にはまるで違うし、効果のうえでも違うのである。

　イギリスの経験論の祖と言われる大哲学者フランシス・ベーコンも、「自分自身を愛したことのある人こそが、他人をもよく愛することができる」と言っていたと記憶する。これは、自分の人権意識がある人のみが、他人の人権をも尊重するようになるのと同じであろう。

今まで人権を無視されてきた人たちが、急に人権を主張することを教えられるならば、一時は自分たちの人権のみを主張して、他人のことを考えないという弊害が出るかもしれない。だが、そのうちお互いの人権ということに目ざめてくるであろう。それが社会の真の進歩である。周囲もそのことをお互いに認める必要がある。自愛ということが充分に身についたときに、市民社会への真の協力ということも生まれてくるのではないか。真理は逆説の中にあるように思われる。

不幸感や罪悪感とはまったく無縁の生き方を！

明治維新以後、いろいろな思想がわが国に入ってきたが、その中で最も理解されなかったのは個人主義ではなかったか——このような趣旨の発言が山本七平《やまもとしちへい》氏によってなされたことがある。まったく同感である。

個人主義は単なる利己主義と理解されることがあまりにも多い。旧幕時代の武士にとっては、それぞれの藩や家が最高の価値であり忠誠の対象であった。それが維新以後になってからは変わって、国家だったり、軍隊だったり、会社だったり、役所だったり、組合だったり、党だったり、セクトだったり、自治体だったり、学校だったりという具合になった。

いずれも忠誠の対象が自己の外にある組織である。このような場に個人を持ち出せば、たいていマイナスの要因としてしか把握されない。

しかし本当に個人意識が発達すれば、それがそのまま組織のマイナスにはならないはずである。このことは、個人の権利の確立が早かったイギリスなどで、一番早く、国家とか、海軍とか、株式会社とかの大組織が成立したという歴史的な事実からも推察できよう。個人主義はむしろ近代的な大組織の前提ですらあった。

日本では、個人主義は組織に対するマイナス要因と考えられてきた。だがその一方で、社会や組織内では相当の幅の自由や甘えが許容されていて、実際にはかなり個性がはたらいていたと思う。

しかしこれからは、個人主義をなんとなく悪と見なしているようではやっていけないであろう。本当の人間の価値は個人にあり、そういう人が納得したうえでの協力があってこそ、大きな組織も運営されるようになるであろう。

ともかく、個人が不幸感や罪悪感でいっぱいになっているようでは、ダメである。いかに組織のあり方を工夫してみても、究極的には、不幸感や罪悪感は個人のものであるから、個人がしっかりしないことにはどうにもならない。

個人が個人としてしっかりした人間になることが、真の個人主義である。そのためにはストア哲学が最も有益であることは、ヒルティによっても夙《つと》に強調されているところであるが、外界の変化が多様で急激になっている現代においては、その必要はさらに大きくなっていると言えよう。新時代のストア主義の本として、本書の一読をおすすめしたい所以《ゆえん》である。

本書の原著はこれより大きいものではあるが、日本人には比較的重要度の低いと思われる項目を削除して再編集してある。ご了解いただきたい。

1

「いい人生」を生きるための約束事

なぜ、「一番大事なもの」まで犠牲にするのか

あなたはこれから先、他人の意志に左右されて生きていく必要はない。ましてや他人の犠牲になって生きていく必要など、さらさらないはずだ。

けれど、誰の犠牲にもならず、他人に左右されずに自分の意志を貫いて生きていくためには、何よりもまず、自分自身をしっかり見つめなければならない。そして、自分の心をあやつる糸が他人の手によって勝手に引きまわされている現状の数々を、はっきりと認識しなければならない。まるであやつり人形のように生きてきた自分を、見つめ直すのだ。

他人の意のままにはなるまいと決意したからといって、ただ単に自己主張すればいいというものではない。自己主張の方法やテクニックについて書かれたものを丸暗記しても、何の役にも立たないのである。

また、あなたの言動に異を唱え、あなたをまるめ込もうとする相手に対して、食ってかかることでもない。要はそれ以上の、しっかりした個人哲学を身につけておかなければならないということだ。

誰でも知っていることだが、この地球という惑星では、人間同士が互いに相手を支配しようと日夜絶えまなく争いつづけている。事あらば支配してやろうと、手ぐすね引いて待ちかまえている。そして人間は、この支配という行為を、実に巧みに行なう独特の制度をも開発してしまった。

しかし、この制度に甘んじて、他人に支配されるがままに生きているのならば、あなたは結局は犠牲者にすぎないことになる。自分の気持ちに反して他人の意のままに動いたり、人並みな判断力をそなえていながら人に支配されるのは、やはりみじめなことだからである。

みじめな犠牲者にならないことも、また逆に犠牲を強いる加害者にならないことも、やろうと思えばできることなのだ。ただそのためには、この短い人生の間に、あなたが自分自身に何を期待しているのかをしっかりと再認識しておく必要がある。

そのうえで、まず「他人の意のままになる犠牲者」には決してなるまい、と強く決意することだ。そして、自分が今、そのような犠牲者としてどのような行動をとっているかを見つめ直してみよう。

腹をすえて「ノー」と言ってみる

自分の人生を、自分の力で思うように支配できない人のことを犠牲者という。

ここでは支配するのか、支配されるのか、それがキーワードとなる。もしも、自分の心を自分であやつる糸を持っていなければ、自分以外の何者かがあなたの心をあやつってしまう。あなたは、他人の意のままにされる犠牲者になり下がってしまうのだ。このような、あなたを犠牲者へとおとしめる罠は、そこらじゅうに転がっているのである。

とはいえ、ここでいう犠牲者とは、犯罪によって被害を受けた人のことではない。世間一般の犯罪などとは比べものにならないくらい巧妙な手口で、自分自身を盗まれてしまっている人のことである。彼らは、知らないうちに心を詐取《さしゅ》されてしまっている。日常の暮らしに埋没してしまったがために、自分の感情や言動がいつの間にか他人に支配されていることに気がつかないのだ。

では、犠牲者とは実際にはどういう人のことなのか。

彼らの特徴はまず第一に、他人の命令によって動いているということだ。このような人たちは、知らず知らずのうちに自分の意に反することをやっていたり、あるいはまた、相手にうまく乗せられて、やらなくてもいいことまでやっていたりする。

犠牲になるということは、このように、あなたが自分以外の力によって支配され、コントロールされているということである。そしてこのようなあなたを支配する力は、私たちの日常生活のいたるところに潜んでいる。これをキッパリと拒否すれば、九分九厘、犠牲者にならずに済むにもかかわらず、現実の生活においては、支配を受け入れ、さまざまな形で自分自身を犠牲にしている人が多いのである。

なぜそうなってしまうのだろうか。自分の弱さが原因になっている場合がほとんどである。

人間はしばしば、自分の人生を一人できちんと走りきっていけるほど自分は強くはないと感じる。一人で生きていけるほどの知恵もないと考える。このようなとき、つい他人に頼ろうとしてしまうのが人の常だ。そして、強引に自己主張してリスクを冒すよりも、自分をあやつる糸を人に預ける道を選んでしまう。自分よりもっと利口で強靱《きょうじん》な人に、自分の人生の〝手綱〟をとってもらおうとするのだ。

しかしそれがために、自分の人生が、自分自身を中心に回っていないとしたら、どうだろう。もしもあなたが、自分を極力殺して生きなければならないとしたら、どうだろう。

また、悲しみや不機嫌、傷心、心配などばかりで、自分が自分自身であることに不安を抱き、にっちもさっちもいかなくなったとしたら、もしも、晴れやかな気分が持てない毎日だったら、もしも他人の力で始終あやつられているような気がするのだったら……。そしてこれらが、まぎれもなく犠牲者の陥った状態なのである。

私はこのようなあなたの犠牲の状態に対して、弁護してやろうとは決して思わない。弁護するにも値しない、と思うからだ。あなたがもしも、私と同じく弁護など必要ないと考えるのなら、他人の力を借りずに自分自身で、自分にこう問いかけてほしい。

犠牲から解放されるというのはどういうことか、自由とはいったい何なのか、と。

自分の力を一〇〇パーセント発揮できる「環境づくり」

自由というものは、誰かがお盆にのせてあなたの前にさし出してくれるようなものではない。自由は自分自身でつくり出していかなければならないものだ。

もしも誰かが与えてくれるのなら、それは自由でも何でもなく、単なる他人からの施しものにすぎなくなる。そして、施す代わりに必ずあれこれと見返りを求められるのがオチだろう。

自由とは、何ら邪魔されることなく、あなたの意のままにあなた自身の人生を送ることだ。そうではない生活は、すべて奴隷の生活にすぎない。

もしもあなたが、自分の意志通り、身のおもむくままに生きようとしても、何ものかに常に束縛されてしまうというのなら、あなたは自分自身を支配する力、つまり支配力を持っていないのだ。あなたは、犠牲になっているのである。

とはいえ、自由になるということは、家族や仲間に対する責任から逃れることでは決してない。もちろん、責任を持つかどうかを選択するのは自由だ。けれども、自分の望みと、家族や友人といった自分以外の人の要求とがくい違ったとき、彼らの考えに従わなければならないという法はない。きちんと彼らへの責任を果たしながら、なおかつ自由でいる方法があるのだ。

にもかかわらず、責任と自由とは両立し得ないと言う人が必ずいる。また、自由を望むのは〝利己主義〟だと言う人がいる。こういう人たちは、たいていあなたの自由を、そしてあなたの人生を、力ずくで抑えつけてしまおうと考えている人たちだ。もしもそれらに屈服すれば、あなたは彼らに縛られて身動きできなくなり、結局は自由を失ってしまうだろう。

古代の哲学者エピクテトスは『哲学講話』の中で、自由について次のように言っている。

「自分自身の主人でない者は決して自由ではない」

この言葉をじっくり読み返してほしい。もしあなたが今、自分自身の主人でないならば、あなたは自由人ではないのである。

しかし、自由になるためには、見るからにたくましく力強くなる必要もなければ、そういう力を用いて他人を屈服させる必要もない。人を脅《おど》しつけたり、むりやり服従させたりしても自由にはならない。支配力を誇示することは自由への道ではないからだ。

そうではなく、むしろ情緒が安定している人たちの中にこそ、世界でもっとも自由だと思われる人を見出すことができる。彼らは他人の気まぐれに左右されることを、ごく素直に、そして静かに拒否する。そしてそれがために、人生でコンスタントに実力を発揮することができるのである。

彼らは、親だからとか、部下だから、あるいは大人だからこういう行動をとらなければならない、という束縛からまったく解放されている。世間的に定義されている役割というものなどには規制されず、好きなときに好きなようにふるまう。ごく自然に呼吸する自由を味わっているのだ。

他人がどう思おうが、一向に気にしないし、その必要もない。なぜなら彼らは、自分が選択したことについて、自分なりに責任感を持って行動しているからである。だから、他人が自分勝手に〝責任〟について解釈し、それを押しつけようとしても、決してその奴隷にはならないのである。

「自分を持っている人」は他人ともうまくやれる

自分の自由は何としても守り通さなければならない。この本を読み終わればきっと肝に銘じられるだろうが、他人から受ける一見取るに足りない些細なことのように思える犠牲が、実はあなたの自由を奪おうとするたくらみなのである。

それらが、気がつかないほど短時間の間になされようが、また、いかに好意的に行なわれようが、結局はあなた自身をあやつる危険な糸となってしまうのである。

しかし、あなたが自分の意志で自由を選びとるようになれば、他人の犠牲にはならないしっかりした心構えを持ち、それに見合った言動ができるようになるはずだ。そうすれば、いたずらに周囲の奴隷になるのではなく、むしろ周囲のさまざまなものから解放されるような習慣が身につくはずである。

自由な人生を実現する一番いい方法は、あなたの生活を支配しようとする人がいたら、その人間に信頼をおかないことだ。これが基本である。エマソンが『自己信頼』で言っているように、「あなたの平安をもたらすのは、ほかならぬあなた」だからである。

長い間患者の治療をしていて、私は次のような嘆きをよく耳にした。

「何とかすると約束したのに、結局、彼女には裏切られてしまった」

「彼にこの種のことは任せるべきではなかったんだ。彼にとっては些細なことかもしれないが、私にとっては大変重要なことだったのだから」

「またあいつにひどい目に遭わされた。われながら、いつになったら懲《こ》りるのかと思う」

これらは、さまざまな形で他人の犠牲になることに甘んじたがために、結局は自分の自由を侵されてしまった人たちのみじめな声なのである。

ただ、ここで一つ断っておきたいのだが、私は、自由であるためには、どんな場合でも他人と接触してはならない、と言っているわけではない。現実には、むしろ逆の場合のほうが多い。他人の犠牲にならずに自由でいられる人たちは、他人と一緒に楽しむのが好きなのだ。

彼らは、どちらかといえばパーティーを盛り上げる社交家である。しかも、大勢の人たちの中にあっても、決して神経質にならずに落ち着いている。それもこれもみな、彼らが、他人の意図にあやつられ、自分の生活を支配されることを断乎《だんこ》として拒否しているからなのだ。

彼らが、わずらわしい他人に対して険悪な感情を持ったり、あるいはダラダラと不平を述べたてたりしないのは、「私には私の人生がある。それは、私が生きている限られた時間の中で、ほかならぬ私一人が経験することだ。私は、私以外の誰にも所有されない、私だけの存在なのだ」と、心底感じつづけているからだ。そして彼らは、

「だから、私が私であるための権利を奪おうとするものは、すべて警戒しなくてはならない。もしも私を愛するというのなら、このようなあるがままの私を愛してほしい。言う通りになるから愛しているというのなら、むしろ愛してもらわないほうがいい」

と考えているのである。

彼らの持っているこの「健全な自由」を、はたしてあなたは自分のものにすることができるのだろうか。社会や他人の犠牲になりがちだという、あなたのこれまでの悪しき習慣を脱することができるのだろうか。

犠牲の罠《わな》から抜け出す「新しい習慣」

子供のころ、未熟なために、家庭の犠牲にされることはよくある。心の中ではいやだと思いつつも、いつも親たちによってあやつられてしまうのだ。子供は自分の意志で自分を支配することなどほとんどできない。自力で自分自身を養っていくことができないために、大人たちの決めたプログラムに従うより手がないのだ。他の選択は許されないのである。だから、できることといえば、家から逃げ出して、二〇分ばかり一人になることぐらいだ。そして、自分自身がなんと無力な存在なのかを知る。人は、このようにしてだんだん自分のおかれた現実を受け入れるようになるのである。

実際、子供のときは他人に指図されても仕方がない。なぜなら、子供は、大人たちの「気まぐれ」に振りまわされるだけで、自分の「自由意志」を発揮することができないのだから。また、いくら独り立ちしようとしても、考えや判断を人任せにすることは、しばしばあるはずである。だから、子供のころは仕方ないというのは確かなのだ。

問題なのは、大人になってからもこのような子供のころの習慣から抜け出せずにいることなのではないだろうか。子供の時分なら、大人の言うことが時には実質的な面で理に適っていることが多かったとしても、今もなおその影響下におかれているとしたら、あなたは間違いなく他人の犠牲になっている。たとえ、〝大きな存在〟たちに威嚇《いかく》されているなと気づいても、あまりにもそれになれっこになっているため、今までの習慣通り、威張らせたままにしてしまうのである。

このような犠牲の罠から逃れるためには、何はともあれ、新しい習慣を身につけることだ。不健全な習慣の場合もそうだが、健全な習慣とは、何かを実際に行なうことによって身につくものだ。さらに大切なことがある。それは、自分が何を実践しようとしているのかを知ったうえで行なわなければならないということである。

とはいえ、べつにあらゆることを自分本位にやる必要はない。ただ、人生のうちに起こる物事について、少なくとも自分が動揺したり、束縛されたり、心配したりすることのないようにするくらいならできるだろう。「心が動揺するようなことは決してやるまい」と、決心するだけでいいのである。そうすることで、他の何物でもなく、自分自身がタネをまいてしまったために引き起こされている習慣、簡単に犠牲にされてしまうという悪しき習慣をやめられるようになる。

犠牲になるという罠にはまってしまうと、他人に抑えられ、支配されてしまう。そしてこのことによって、自分の決断はダメになるのではないかといつも思いわずらい、不必要に挫折感を持ってしまうものなのだ。このような罠を排除するための方法としては、次の四つの項目があげられる。

第一に、自分の現状をよく理解すること。第二に、「犠牲になるまいとする人間」の勘をはたらかせ、しっかりした行動をとること。第三に、あなたの生活やこの現代社会にもっとも多くはびこっている犠牲について知っておくこと。第四に、生活信条を実践に移すための細かい戦術を生み出す方法をつくること。ちなみにこの生活信条とは、犠牲者にはなるまいという不動の意志に基づくものである。

一、二、三については、この章で簡単に触れることにしよう。四は残りの章で取り扱い、他人の犠牲にはなるまいとする人の新たな姿勢づくりのために、一連の基本方針を提示してみようと思う。

手段、プロセスはどんなに変えても構わない

犠牲の罠にかからないために何をすればいいのかを考える前に、やっておかなければな

らないことがある。

現状であなたが他人にあやつられるにいたる可能性のすべてを把握するのだ。このことが、犠牲者にならないためには、決定的に重要である。社会に出て、そこでの人づき合いに入っていこうとすると、あなたを犠牲者にしようとするさまざまな罠がしかけられ、ドラマが展開される。だから、その前にあらゆる可能性を知り、どんな罠をも斥《しりぞ》けられるように、万全の対策をとるのだ。

現状を知るというのは、油断をしないことであり、不当に扱われることのないように新しい意味での知性を磨くことである。これは、自分が接する人々の要求を検討し、それに対してどのように行動するのが最良の道なのかを予測することである。

あなたの話をちゃんと聞いてくれる人を見つけるのも、一つの方法かもしれない。そうすれば、犠牲者になるかもしれない状況で、やむを得ずのひと言を発する前に、あるいは誰かに近寄っていく前に、自分がどのような状況に陥るのかを知ることができるだろう。とにかく、自分の気持ちを押し殺さなければならないような状態をつくりたくなければ、自分のおかれた現実を効果的に「把握」することが何より重要なのである。

では実際に、状況を把握するとはどういうことか。たとえば、ジョージが不良品のズボンをデパートに返品しに行くとする。このとき、デパートの店員が不機嫌そうで、イライラしていたらどうするか。

ジョージの目的は、ただ返品してお金を返してもらうことである。だから、疲れきって不機嫌な店員とやり合うことは避けたい。そんな店員といやいやながら話すことは彼の目的ではないはずだ。話してみたところで、もし店員との間でもめたり、へたをして断られたりしたら、もっと厄介《やっかい》なことになる。

マネージャーを説得するには、今よりもっと苦労することになるのは目に見えている。店員というものは、「返品お断り」の決まり文句を断乎として実践することを仕事にしているから、一度断ったならば、そのメンツをつぶすようなことはしたがらないのだ。店の方針に服従することによって給料をもらい、店の指示を実行することしかできないこの店員も、ある意味では第一級の犠牲者と言えるかもしれない。

そこで、ジョージは店員たちの上役のところへ直接行くことにする。必要とあらば、店の方針に例外をつくることが上役の仕事だからだ。ジョージはその場で、「顧客を犠牲にするのがあなたの店の方針なのか」と、正々堂々と主張することだろう。もしこの上役に聞く耳があり、またジョージも手持ちのカードをうまく使うことができれば、十中八九、返金してもらえるはずだ。粗野な言動に頼らずとも、成功を勝ちとることはできるのである。

状況を把握するとはこういうことだ。ただ目を見開いて場面をながめるのではなく、場に合った計画を立て、それを注意深く実行していくことである。よって、もしも第一の計画であるAプランが失敗したら、冷静にBプラン、Cプラン……と変更できなければならない。

前の例の場合も、もし店員の上役のマネージャーが返金を拒否したならば、ただちにBプラン――たとえば今度は店主と話すとか、経営陣に手紙を出すなど――に変更できなければならない。

あるいはまた、もっと直接的に、声を荒らげてみせるとか、激怒をよそおう、わめきちらす、店の中で精神錯乱の芝居をする、泣きついて頼み込む、とそれこそいろいろな方法があるだろう。

ただ、どんな計画であれ、最終的にそれで成功しようが失敗しようが、そのことによって自分の価値が高まったとか、低下したとは考えないことだ。単に目標を実現するために、感情に縛られることなく、必要に応じてギアを入れかえればよい。

ジョージの目的は、単に「返金してもらう」ことだった。あなたの目標はチケットを手に入れることかもしれないし、肉が好み通りに料理されることかもしれない。

目的が何であろうとも、それらは、あなたがやり遂げたいと思ったことにすぎない。成功、失敗というのは、あなたの人間としての価値や幸福をはかる指標では決してないのである。

たった9つの「言い訳」をやめるだけで

さて、心の中でも、あるいは話しことばにしてもいいのだが、とにかく自分自身のことばづかいに耳をすませてみてほしい。必ずと言っていいほど、あなたを犠牲者にしているのはあなた自身なのだということがわかってくる。

ここに身近な例がいくつかある。犠牲者という欄から本当に自分の名を消したいのなら、次のような考え方は、下取りにでも出して、もっとよい考え方と交換しなければならない。

○「どうせ負けることはわかっている」

この種の考え方は、自分で自分にレッテルを貼って、みんなの犠牲者リストに載せてくれと頼んでいるようなものだ。もしも、自分にふさわしい目標を勝ちとるつもりなら、敗者意識に甘んじることなど決してないはずだ。

❍「私は誰かと議論すると、いつもカッカしてしまう」

すぐにカッカするからといって、がっかりすることはない。次のように考えを変えればいい。「誰からもカッカとさせられはしないし、自分からカッカすることもしないぞ」と。

❍「私は凡人だからチャンスがない」

自分が凡人だ、小物だと思わない限り、あなたは凡人でも小物でもないのだ。この種の考えは、相手を大物だと考えたとき、すでにあなたが自分を敗者の側においていることを物語っている。このような考えを捨てて、ゴールに到達できると思えるなら、どんな状況だろうと自分から飛び込んでいきなさい。

❍「私は彼らの思い通りにはならないということを、あの連中にみせてやる」

一見、強そうに聞こえるが、こういう態度ではかえって負けてしまうのだ。なぜなら、あなたの目標は、誰かに何かを見せつけることでも、誰かを見せしめにすることでもないからだ。目標は、相手があなたから奪おうとするもののすべてを、自分のものにすることだ。見せつけや見せしめを目標にするとき、すでにあなたは、彼らに支配されてしまっているのである。

❍「こんなお願いをしたからといって、私に腹を立てないでほしい」

相手の憤慨を気に病むというのは、やはり相手の支配下にあることを意味する。あなたが気にしていることを知ったら、相手はあなたを犠牲にするにきまっている。効果がありそうなものなら、何でも利用するものなのだ。

❍「私がしたことを話せば、きっとバカなやつだと思うだろう」

ここでは、自分自身の考えよりも相手の考えを重視しようとしている。しかし、愚か者と思われたくないために、他人の言いなりになってあやつられているようなら、間違いなく犠牲者になる。そして思わくとは逆に、いつも「愚か者」の看板を貼りつけられるだろう。

❍「自分がしたいことをしたら、相手の感情を害するのではないだろうか」

これも最終的には、あなたが貧乏くじを引く結果となる。感情を害されたと言い張ると、あなたの考え方が変わるということを相手が知ったとしたらどうなるだろう。あなたが既定の道からそれて自分の道を歩もうとしたり、独立を宣言したりしようとするとき、相手は確実にそれを利用するだろう。

「気分を害した」と人が言う場合、その九五パーセントは戦術として言っているにすぎない。あなたがその言葉にだまされやすく、すぐその気になるようなら、そういう手合いは何度でも感情を害されてみせるだろう。他人の犠牲になりやすいのは、人を傷つけまいと始終気をつかって生活している人なのだ。だからもし彼らが、そういった戦法が何の役にも立たないと知ったら、たいていのことには感情を害したりはしなくなるものだ。

❍「自分だけでは、さばききれない。自信のある人に代わってもらおう」

このように反応することは、何の教訓も与えてはくれない。むしろ、犠牲になるまいとする決意の妨げとなり、足かせともなるだろう。自分自身の闘いであるにもかかわらず、他人に代わってもらおうものなら、しだいにそんな自分自身であることに恐怖を覚えるようになる。

それどころか、あなたが対決を避けていることを知れば、人を犠牲にしても平気な人たちが、あなたのそばで「兄貴《あにき》風《かぜ》」を吹かすようになるのは時間の問題だ。そして、何度も繰り返し、つけ込んでくるようになる。

○「それはフェアでない」

ここでは、あなたは世界をありのままに見ていない。あなたの希望する世界を物事の判断基準としている。そもそも人間はアンフェアなことをするものなのだ。あなたがいくらそれがいやでも、いくら文句を言っても、アンフェアなことをすべてなくすのは不可能だ。道徳的評価などせず、次のように言うことだ。

「彼らはこんなことをしている。それならこれこれの方法でそれに立ち向かい、つぐないをさせて、二度とそんなことをする気にならないようにしてやろう」

以上述べたことは、あなたを犠牲者にし、ついにはあなたを破滅の道へと導く考え方のごく身近な例である。

しかし、あなたが人格と教養とを磨けば、次のことが行なえるようになる。

(1)その後の成り行きを効果的に予測すること
(2)自信を持つこと
(3)その場に応じてプランA、B、Cと実行すること

(4)事を行なうにあたって、カッカしたり、コチコチになったりすることを断乎として拒絶すること
(5)忍耐強く自分の求めるような人間に成長すること

これらのことができるようになれば、必ずや、犠牲の九五パーセントは防げるようになるだろう。万一目的を達成できずに犠牲になることがあっても、あなたはこれらの自分の行動から何かを学ぶことだろう。そして、今後八方塞《はっぽうふさ》がり的な状況に陥ったときには、それをうまく避けられるようになるはずだ。

物事が思うように運ばないからといって、傷ついたり、落胆したり、心配したりする必要などまったくない。そのように気に病むことこそ、犠牲者に特有の反応だと覚えておいてほしい。

自分には「なりたい人になる力」がある

ほとんどの場合、人は自分がなりたいと思っているものになれるのだ。だから、他人の犠牲になりはしないかとちょっとでも思いさえしなければ、犠牲者になりはしない。

そのためにはまず、幸福、健康、自己発揮を強く求める姿勢、そしてさらには、不当に扱われないよう求める姿勢を習慣づけなければならない。ただ、この習慣は、あなた自身の能力に基づいて育まれなければならない。決して、あなたを犠牲にしようとする相手や組織によって押しつけられた力、ありもしない能力に基づくものであってはならない。

では手始めに、次の四つのメカニズムをうまくつかうことだ。

1　あなたの身体はあなたがまだ知らないパワーを秘めている

あなたが、きちんとした判断力に基づいて本気で何かを達成したいと願うならば、何ものにも妨げられないはずである。極端な場合には、あなたの肉体が、超能力者さながらの力を発揮するかもしれない。マイケル・フィリップ博士は、その著書『隠された力』の中で、息子とアメリカを車で旅行した初老の婦人について次のように書いている。

「人里離れた砂漠地帯で車が故障したときのことだ。息子はジャッキで車を持ち上げ、車の下にもぐった。だがジャッキが滑って車が落ち、彼は太陽に熱せられたタール・マカダム舗装の道路と車との間にはさまれてしまったのである。すぐさま車を息子の胸の上からどかさなければ、数分のうちに息子は圧死してしまう、婦人はとっさにそう思った」

老婦人には、自分に車を持ち上げるような力などないとか、うまくいかないかもしれないといったことを考えている余裕はまったくなかった。そして、フィリップ博士が言った通りのことが起きたのだ。

「一瞬の躊躇《ちゅうちょ》もせず、彼女はバンパーをつかみ、息子が車の下からはい出せるように車を持ち上げたのだった。彼が下からはい出すや否や、彼女の一瞬の力は消え去り、車はドスンと道路に落とされた。少なくとも十数秒間、この老婦人は数百キロもある車を持ち上げていたことになる。体重六五キロ足らずの女性にとっては、まさに信じられない力を発揮したのである」

実は、この種の話は、数えきれないほどある。このような事実を理解できるかどうかは、「人間には超人的な力がそなわっている」ということを認めるかどうかによる。やれるに違いないと信じるとき、あるいは、一瞬たりともやれないなどと考えないときに、人は信じがたい力を発揮するのである。

肉体の健康についてもこのことは言える。健康を期待する心の持ち方によっては、病気の犠牲にならずに済むことだってあるのだ。風邪、高血圧、背中の痛み、頭痛、アレルギー、発疹《ほっしん》、けいれん、さらにはもっと悪性の病気である心臓病、潰瘍《かいよう》、痛風などでも、かかるまいと思えばかからずに済むことができるのだ。

「そんなはずはない。それは間違いだ。私は病気にならざるを得なくなってしまった。仕方のないことだったのだ」と言うかもしれない。しかし、それは私に対し、いったい何を弁解しようとしているのか、ということになる。あなた自身のそのような弁解が結果として病気をまねき、身体の自由を奪う結果になっているのだ。なのになぜ、いつまでも弁解しつづけるのか。

どうしようもなかった、などと弁解して何の得があるというのか。何もありはしない。そうではなく、ごく単純に、いつか病気になってしまうのは仕方がない、といったふうに不健康を予想するのはやめ、本気で自分を変えようとするのだ。そうすれば病気にはなりにくくなる。たとえ完全にはうまくいかなくても、少なくとも今の状態のままではいられるだろう。吐き気や頭痛、風邪などの症状があるなら、それ以上悪くならずに済むはずなのだ。

かつて、次のように語った賢者がいる。「指を噛む代わりに、指がさしている先を見よ」。自己敗北に陥ってしまうのは、私たちの文化に典型的な傾向の一つだが、そうではなく、積極的な心構えで未来に利することを考えるのだ。その心構えこそが、この世で最良の薬となり得るのである。

精神分析医のフランツ・アレクサンダー博士は、その著書の中で、精神の力についてこう語っている。

「生物学や医学では軽視されているが、精神が肉体を支配しているという事実は、人間のしくみのもっとも基本的なことである」

2 要は自分の〝グレープ・フルーツ〟への期待、しぼり方、生かし方だ！

少し前の話になる。

学校で、ある教師が二つの名簿を手渡された。一つは、あるクラスの生徒の知能指数を記入した名簿。もう一つは、別のクラスの、同じ欄にロッカーの番号が記された名簿だった。ところが教師は、第二クラスのロッカー番号を、生徒の知能指数だと勘違いしてしまった。だから、学期のはじめに各自の家に送られてきた名簿を見た生徒たちも、同じように勘違いしてしまったのである。

一年後にどうなったか。第一のクラスでは当然のごとく、知能指数の高い生徒のほうが低い生徒よりもよい成績をとっていた。一方、第二クラスでは、偶然では片づけられないはっきりした結果が出ていた。なんと、ロッカー番号が大きかった生徒が、番号の小さな生徒よりも、断然よい成績を残していたのである。

この事実は何を物語っているのだろうか。バカだと言われ、自分でもそう思い込んでしまうと、誰もがそれ以上のことはできなくなってしまうということだ。自分自身に期待することが少なければ、自分の力を犠牲にする犠牲者となってしまうのである。そして、もし他人にも自らそう思い込ませてしまうとしたら、あなたは二重の危機に立たされていることになる。

あなたには本来、何らかの天才的な資質が隠れている。そのすばらしい才能を呼び起こすも起こさないもあなた次第なのだ。せっかく才能がありながら、自分は先天的に脳に支障があるからダメだ、と思い込んでいることだってあるのである。

ここでも重要なのは、「自分自身に何を期待するか」ということだ。もし新しいことを学ぶのが困難だと思ってしまうと、その通りになってしまう。たとえば、外国語はむずかしくて絶対自分には覚えられないと思えば、あなたは間違いなく覚えられない。

人間の脳の容量は、たかだかグレープ・フルーツほどしかない。けれども、その力たるや驚異的である。自分がどれほど多くのことを知っているのか確かめたいのなら、マイケル・フィリップ博士の次のちょっとした実験をためしてみることをおすすめする。

「紙と鉛筆を持って、覚えていることのすべてを書き出すとします。あなたの知人や聞いたことのある人の名前、あるいは、子供のころからの体験、本や映画の筋、保管している仕事上の書類のこと、趣味、その他何でもかまわない。そのすべてを書き出すのです」

やってみるとわかるのだが、これですべてだと自分を納得させるまでには、膨大な時間が必要である。

フィリップ博士は、「一日二四時間書きつづけたとして、約二〇〇〇年かかるでしょう」と言っている。

このように、あなたにもともとそなわっている記憶力だけでも驚くべきものなのである。つまりそれほど訓練しなくても、頭を慣らせばいろいろなことが可能になるということだ。

一年間にかけた電話番号すべてを覚えることだってできる。パーティーで紹介された初対面の百人の名前を、数カ月後に全部思い出すことだってできる。

前の週にあなたの周りで起きたすべての出来事を細かに書き出すことも、あるいは、わずか五分間の訪問の後でその部屋にあったものの一覧表をつくることもできる。こうした、脳や知的な能力をフルにつかうようになってはじめて、本当に自分の能力を発揮したと言えるのである。

もしかしたら、あなたの場合はそうではなく、別な考え方をしているかもしれない。次のような被害妄想的な考え方だ。

「私は本当にバカだ」とか、「名前や数字や語学など、どうしても覚えられない」「数学は苦手だ」、あるいは「読むのが遅い」「クイズが解けない」などなどだ。

このような考えを持ち、この種の発言をつづけていると、弱気な姿勢がわざわいして、やりたいことはまず達成できなくなる。だから、本当に何かをやり遂げたいのなら、このような発言はすぐさま下取りに出さなければならない。

そして、それと引きかえに、「自分で選択したことは何でもできる」という確信と信頼とを表明するのである。そうすれば、自分を負け犬にしなくて済む。悲痛なゲームの犠牲者で終わることもなくなるのである。

3　感情はブレーキにもなればアクセルにもなる

人は、肉体、知性の面ですぐれた才能を持っているのと同様に、感情の面においても生来、天才的な資質を持っている。しかしここでも、それを発揮できるかどうかは、自分自身にどのような期待感を持つかによる。

私は、『自分のための人生』（渡部昇一訳・三笠書房刊）という本の中で、抑圧や心配、恐怖、怒り、罪悪感、悩みあるいはその他の神経症的な状態について詳しく述べた。もしも今、あなたが、これらの状態にあると考えてばかりいたら、それらは確実に日常生活のブレーキとなってしまう。

たとえば感情的になったことを、「憂鬱《ゆううつ》になるのは当然だ」とか「怒るのは人間らしいことなのだ」といったように自己弁護し、正当化してしまうのだ。けれどもそれは、決して人間的なことでも、当然のことでもない。むしろ、あなたの人生を情緒的な面で傷だらけにする、神経症的な行ないなのである。

あなたがひょっとしたら陥るかもしれないと不安がる、これら神経症的な反応も、一掃することは可能だ。人生の一瞬一瞬を生きようとすれば、このようなマイナスの部分はまったく不要になる。ましてや、心理学のカウンセラーがしゃべるまやかしに対決姿勢をとるならば、マイナス感情に陥る必要などまったくありはしない。

あなたは誰に惑わされることもなく、自分で選択した存在なのである。だから、感情的に動揺するのではないかとか、不安に陥るのではないかと想像することさえやめれば、自分を生かせる人間になれるのである。

4　自分で自分をみじめな鋳型《いがた》にはめ込むな

自分のことを、不器用で、気がきかず、煮えきらない、ヘマで、恥ずかしがり屋の、内気な人間だと思ってはいないだろうか。もしそう考えるのなら、社会に不適合なこれらの人間像を自分自身に課すことになる。そして結局、本当にそうなってしまう。

同じように、自分を下級、中級、上級のどれかに分類するとしたら、おそらく自分が選んだクラスの生活様式に一生とらわれつづけることになるだろう。お金はなかなか手に入らないものだと思っていると、自分のその経済状態を変えるチャンスが来ても見逃してしまう。そして、他人がチャンスをつかんで経済状態を好転させたのを見て、「あいつは運がよかっただけだ」と言って済ませてしまうのである。

あるいはまた、町なかでは駐車場など見つかりそうもないと思えば、本当に見つからないものだ。そして、「そらみろ、僕の言った通りじゃないか。だから今夜は町になんか出るべきじゃなかったんだ」と不安、不満を他人のせいにすることもできるのだ。

繰り返すが、これからあなた自身がどう生きたいのか、自分に何を期待するのかが、人生を決定づける大きな鍵となる。お金がほしいのなら、お金持ちになることを考えればいい。あるいは、自分の意見のはっきり言える人とか、独創的な人といった具合に、自分がなりたいと思う人物を自分の中に描いてみることからはじめるのである。つまずいたからといって落胆することはない。失敗も勉強だと思ってやっていけばいいのである。

たとえ、最悪の事態をまねいたとしても、たいしたことはない。なぜなら最悪の事態というのは、ただ単にあなたが今いるところにとどまるということにすぎないからだ。どんなにひどい状況になってもそこにとどまれるのだ。だったらなぜ、よりよい位置を目指そうとしないのか。

厄介《やっかい》な「加害者」を手際よく処理する法

自分本来の能力を、自分がなりたいと考える姿に生かしはじめると、それを妨げようとする人々（加害者）をうまく処理する必要が出てくる。実際、どんなに恵まれた社会状況においても、さまざまな人から被害を受けてしまうことがある。私たちの社会は、それほど厄介なものなのだ。

次にあげる六つは、あなたが被害を受けることの多い場所・状況である。

1　あなたの最大の敵はあなたの一番身近なところにいる

私は最近の講義の中で、八百名の受講者全員に、普段、自分がもっとも犠牲にされていると感じるものを五つ書き出してもらった。

驚くことに、実にその八三パーセントは家族に関連したものだった。犠牲の約八三パーセントが、家族とのやりとりにおいてあなたが無力であるためだと考えてみてほしい。最後には家族はあなたを支配し、あやつってしまうだろうことは想像に難くない。そしてこれは、あなたもまた、家族にとって加害者であることを意味している。

家族があなたにかけてくる典型的な圧力とは、次のようなものだ。

強制されて、いやいや親類を訪問すること、かけたくもない電話をかけること、忙しいのに車で送り迎えしなければならなかったりすること。あるいはまた、口うるさい舅《しゅうと》や小《こ》姑《じゅうと》、機嫌の悪い親類などを我慢しなければならないことだ。ブツブツ言われる、何につけても召使いのように扱われる。いつもみんなの後かたづけをする。にもかかわらず、家族からは尊敬もされなければ感謝もされない。こんな恩知らずな人々とムダに時間を過ごさなければならないこと。しかも、そういう雑務用員として家族からあてにされているため、自分のプライバシーがまったく守れない、などなどである。

家族というのは、社会が発展していくための礎《そ》石《せき》となる単位であり、価値観や生活態度の基礎を教える主要な集団であることは確かだ。しかし同時に、強い敵意や不安、抑圧を感じる場でもある。精神病院へ行って患者と話してみれば、そのことがよくわかる。

彼らはみな、家族との間に何らかの問題があったために病院に来ているのである。彼らが、精神の平穏を乱されて入院しなければならなくなったのは、隣人や雇い主、あるいは教師や友人とうまくいかなくなったからではない。ほとんどの場合が、家族の問題でそうなってしまったのである。

家庭というものは、あなたの人生に大いなる実りを与えてくれるはずのものだ。あなたからそう望むならば、本当にそうなるだろう。だが、家庭というコインの裏側には、また別な顔が隠されているかもしれないのだ。

もしもあなたが、あなたを動かすあやつりの糸を、家庭（あるいは家族）に引かせてしまうようなら、あなたはバラバラにされてしまうだろう。彼らは、あなたの糸を力いっぱい、しかもてんでんばらばらの方向に引いてしまうからだ。

もしも家族の一員が、あなたを「所有している」と考えているなら、その考えを正す必要がある。あるいは、血縁関係をタテに彼らがあなたの人生についての決定権を持つと考えているとしたら、その考えも正さなければならない。そしてもしも、あなた自身までも、血のつながりがあるからという理由だけで家庭を守らなければならないと感じているのなら、その誤りを正す必要がある。

私はなにも家庭の混乱を奨励しているわけではない。ただこれだけは言っておきたい。あなたの自主性を受け入れてくれない人に対しては、厳しい態度で接すべきだ、と。ぜひ、この本のような「犠牲になるまいとする人間」の手引きをつかう努力をしてほしい。

そうすれば、犠牲になるまいとするあなたのその生活態度が本物かどうか、必ずや家族の間で厳しく試されるだろう。この場合、配偶者、かつての配偶者、子供、両親、祖父母、すべての姻族《いんぞく》、そして、おじ、いとこなど、すべてを家族として考えていい。これら巨大な親類群の間で、あなたは試されるのだ。そして、ここで勝利することができれば、あとはもう怖いものなし。朝めし前ですべてがうまくいくのである。

家庭という存在がむずかしいのは、その構成員がそれぞれ、相手を自分の所有物だと考えているところだ。それはあたかも、多額の株を、一人ひとりが全貯蓄を出し合って、互いに投資し合って買うようなものだ。だから、それが〝ムダな投資〟だと気づき、言うことを聞かなくなる構成員が出てくると、なんとか手なずけようと、罪悪感さえも利用する。家族に従順でないのは悪いことなのだ、という論理が用いられるのである。

もし、あなたが、今、致し方なく家庭の犠牲になっているとしたら、目を見開いてみればこのことがよくわかる。列を乱さず、他の構成員と同じような人間にするために、さまざまな罪悪感がことあるごとに利用されていることが。

家庭の犠牲にされることなくいかに効果的にふるまうべきか、その方法については、本書全体に書かれている。自分のことはこのように扱ってほしい、と家族に説きたいのなら、まず、「他人には所有されない」という決意を固めなければならない。そうするだけで、意外だろうが、彼らはあなたの気持ちを理解するようになる。そして、驚くべきことには、その独立宣言ゆえに、あなたを尊敬するようにすらなるのである。

2 自分自身の〝限られた経験や知識〟に縛られてはならない

あなたを圧迫するものは、なにも家庭だけではない。家庭からの圧力のおよばないところでも、たぶんあなたは犠牲になっていると感じているはずだ。仕事や職場での束縛である。

雇い主や上司というものは、下で働くあなたたちが自動的に人権を放棄して、言いなりになってくれるものと考えている。現金や商品と同じように、必要なときには手元に置き、必要がなくなれば捨てられるもの、つまり動産的なものと信じている場合が多いのだ。仕事上、上司に巧みにあやつられているような気がしたり、会社の幹部や規律に踊らされているように感じたりするのは、無理もないことなのである。

一日に少なくとも八時間、そのような状態におかれていれば、誰しも、仕事自体を憎んだり、自分をいけにえのように感じたりするだろう。

あなたはひょっとすると、会社の法規のために、愛する者たちと別れることを余儀なくされているかもしれない。あるいは、普段の自分からは考えもつかないような言動をしているかもしれない。仕事でなければ、こんな言動をするはずがないのに、と感じることだってあるだろう。あるいはまた、気の合わない上司や同僚とうまくいかずに困っているかもしれない。

仕事のために、自分の自由や家庭サービスを放棄するのは、仕事に対する行き過ぎた忠誠にすぎない。このような忠誠心はかえって、仕事における犠牲という、家庭につづいてもう一つの巨大な犠牲への道を開くのである。

仕事に対する期待が裏切られたり、そのために自分が萎縮《いしゅく》させられている場合にはどうすべきか。あるいは、仕事やそこからくる責任によって、自分が犠牲になっていると感じる場合にはどうすればいいのか。まずはじめに、会社の中で自分が、今、何をしているのかをよく自問してみてほしい。ちゃんとした人格を持ち、一人前の人間である自分を酷使する会社の中で、いったい自分は何をしているのかを。

私たちは、アメリカ流の倫理に基づいた二つの神話に束縛されていた。一つは、どんな仕事であれ、それをつづけなければならないという神話だ。一度首を切られると、二度と仕事は見つからないというのである。こういうことば自体にすでに、何か執念深い方法で人を殺すような響きが感じられるのだが、それはともかく、もう一つの神話は、職場を転々とするのは人間として未熟だというものだ。職業そのものをまったく変えてしまうなど、言語道断なのである。

よく言われるこのような神話は、実は迷信にすぎない。だからこの種の迷信には気をつけなければならないのだ。信じたが最後、まったく間に仕事の犠牲にされてしまう。たとえ勤続五〇年の定年の際に金時計をもらったとしても、それが、五〇年という長い間、自分自身を、そして自分の仕事を嫌いつづけてきた代償だとすれば、何の報いにもならないではないか。

あなたには、何百もの職業に就《つ》ける可能性があるのだ。自分を発揮するためには、現在の辛い体験や試練に束縛されてはいけない。あなたは、いろいろな仕事で主人役になれるのだ。そのことをまず知らなければならない。あなたは柔軟性のある人間であり、意欲的で、自発的に学ぼうとする人間なのだから。

3 自分の心に無条件に手かせ、足かせをはめていないか

すばらしい肩書や権威ある地位の人の前に出たことがあるだろう。そんなとき、なぜか簡単に自分自身を犠牲にしてしまうということはないだろうか。

医者や弁護士、大学教授、会社役員、政治家、芸能人、スポーツ選手など……。彼らは、私たちの文化において、あまりにも高い地位を与えられている。しかも、それは相当誇張されており、それがために、このつくられた「超人」を目の前にした人間は無気力になってしまう。

彼らも彼らで、専門的な助言を求めてくる人々を圧倒しようとする。こうしてあなたは、権威あるものの前で、ただ言いなりになってしまっている自分に気づくのである。

病院にくる患者のほとんどは、医療費については医者にはなかなか聞きにくいものである。そのために、請求された分だけ払わざるを得ず、ついには、医者にかかればお金はもぎとられるもの、と観念してしまうのだ。また、別の医者にかかるのは恥ずべきことだと考えてしまうために、第二、第三の医者の意見を求めることができず、結果、不要な手術を受けるケースも多々ある。すべては醜い犠牲者根性のなせる業なのである。

つまりは、医者たちを手の届かぬ存在にしてしまったために起こったことである。高い地位の人が、自分ごときの言うことをわざわざ聞いてくれるはずがない。そんなことはおそれ多いことだ、と考えてしまうのである。そんなたわいもない理由で、お礼はいかほどかといったことすら素直に相談できないようでは、医療や法律的助言、教育など受けられようはずがない。相談するときにはいつも自分は犠牲者になりますから、とわざわざ申し出ているようなものだからだ。

覚えておいてほしい。「医者」「教授」「先生」などといった特別な肩書を彼らに与えることによって、あなたは自分自身を、常に彼らより劣った位置においているのだ。結果として、あなたは自分を犠牲者だと感じる。そして当然のことながら、犠牲になってしまう。

なぜなら、彼らと対等でないからである。

このような権威者による罠を避ける方法は、彼らをあなた以上に重要でも何でもない、単なる人間だ、と考えるようにすることだ。彼らはたしかに高度な訓練を受けてきた。あなたは、彼らが仕事にそれを生かし、きちんとした成果を出すがゆえに高額の代金を支払うのだ。もしもどうしても両者に優劣をつけなければならないとしたら、重要性において上に位置するのは、サービスを受ける側、つまり金を支払うあなたのほうだということを忘れてはならない。

他の誰に対しても、自分自身以上に尊敬する必要はない。対等に扱ってもらいたいと期待するだけでいいのであって、決してそれ以上の尊敬を抱く必要はないのである。

もしも同等に扱われていないのならば、あなたはそれこそ犠牲者である。いつも他人を見上げ、許しを乞う犠牲者だ。列をつくって待たされ、また上役からはかわいがられようと望む犠牲者だ。あるいはまた、代金について話し合おうとしなかったり、たとえ話し合ったとしても、見下されて不当な代金を請求されるのではないか、だまされるのではないか、と心配するような、そんな犠牲者なのだ。

だが、これらのことはすべて、あなたの態度に起因《きいん》するのである。彼らの「超人」的な地位をおそれてはいけない。いかなる方法をとってでも、彼らの犠牲になることを拒否しなければならない。そしてその一方で、彼らの専門家気質を尊重することだ。そうすれば、専門家や権威者といえども、必ずやあなたに一目おくようになるだろう。

4 つまらない人に「甘い顔」を見せてはならない

組織という機械もまた、巨大な犠牲者製造機である。組織のほとんどは、人間に奉仕するものではなく、人間をきわめて非人間的な方法で利用するものなのだ。

とくに人間を不当に扱うのは、政府と、非営利的かつ独占的な役所である。このような組織は、複雑怪奇なモンスターみたいなものだ。膨大な数の書式、部門、公文書を抱え込んだ形式主義のお化けだ。これといったヘマさえしなければいいと思っているような職員を大量に抱えて、それで成り立っているだけなのだ。

お役所仕事は、一般市民から見れば、まったく効率の悪い、不親切なものになろうとしている。とはいえ、役人たちもまた、机の前ではどういうわけか官僚的な性格になってしまうものの、その実は平凡な一般市民にすぎないのだ。そして、この一般市民によって役所は運営されているとも言えるのである。

だから、お役所主義自体を変革することは不可能ではない。にしても、それは非常にむずかしい。そこで、お役所主義の中にいる強力な加害者たちに対して戦術をつかうことになる。ただし、噛みついてくる彼らの餌食にならないためには、よほど注意してかからなければならない。

もっとも効果的な戦術は、できるだけ接触を避けること、つまりお役所主義のいけにえのゲームにはかかわらないことである。

まず、役所には、自分が重要な人物であると感じたい、という、ただそれだけのために体制とかかわっている人が多いことを知っておく必要がある。だから、自分から腹を立ててはいけない。これら組織との複雑なやりとりは、あなたとは何の関係もないのだ。単なる挑戦状だと思いなさい。

ヘンリー・デイビッド・ソロー（アメリカの思想家『森の生活』）は力説している。「簡単、簡潔！　二、三のことにかかわっていればよい。百、千ものことなど、とんでもない」と。

しかし、元来、人々に奉仕する名目で社会がつくり上げたはずであるにもかかわらず、役所という怪物どもは、簡素とは天と地ほども離れた存在となってしまった。現代のお役人ならば、ソローのように池の周りで二年間生活しようとする人に対して、嘲笑するだけでは済ませないだろう。きっと手紙や正式書類を送って、なぜそこに定住してはいけないかをくどくどと説明し、釣りや狩猟をしたり、土地や水を利用するためには許可証をとるよう、強要するに違いない。

5　話してもわからない人のために、あなたの貴重な時間とお金を浪費しない

私たちの生活、文化的とも言えるこの日常生活をじっくり観察してみよう。そうすれば、毎日どこかで接触する、あらゆる店の店員は、全員とは言わないまでも、多くはあなたを犠牲にする存在であることがわかるはずだ。すでにそのことに気づいている人もいることだろう。

たとえば何か文句があって店員に面と向かったとき、多くの場合、ただことばのムダづかいをすることになる。店員は、彼らの店の方針にあなたを従わせるためにだけ、そこに存在している。決められた行動からはずれないように法律や規則は設けられている。彼らはそれらを執行するロボットなのだ。

だから、ほとんどの店員は、顧客をていねいに扱うことなどには気をつかわない。安物をあなたに売りつけた店員は、あなたが返品しようが、他の店で買おうが一向にかまわないのだ。トラブルを抱えたあなたの手助けをしようとする人さえも、ときに排除しようとする。あなたと店との間に入って、妨害することが仕事だと考えているのだ。そして、あなたを会社の「威力」で押しつぶしてしまうことに無上の喜びを感じたりするのである。

こういった店員たちが好きな言いまわしは、「店の方針ですので、お気の毒ですが」とか「申し訳ありませんが、お手紙でお申しつけください」というものだ。あるいは「あそこの列にお並びください」とか「また来週お越しください」「いいから、もう、帰ってください」などである。

もちろん、この人たちの人格について問うているのではない。彼あるいは彼女は、すばらしく独創的で有用な人物かもしれない。けれども、いったん店員という給料取りに変身するやいなや、みんな融通のきかないロボットになってしまう。店の方針をタテにして顧客を犠牲にするのである。

そんな店員は避けて、サービスに徹してくれる人にかけ合いなさい。有名デパートの店員に、もう二度と買いにこないと言ってみたところで、気にするだろうか。もちろん気になんかしない。なぜなら、彼らにとって仕事とは、給料を家に持って帰るための手段であって、決して客が店を気に入るように力を入れることではないからだ。

ひねくれた見方をしているのでも何でもない。店員が客のことなど気にするはずもないのは、まぎれもない事実なのだ。繰り返すが、彼らの役目というのは、客のことなど気にかけないことである。客が店の方針にそむけば、経営者の金や時間や労力を浪費することになる。だから、そうさせないようにすることで、彼らは給料をもらっているのだ。

このような人たちと交渉する必要などまったくない。ただし、犠牲になることをよろこんでいるのなら、話は別だが……。

これまで何年間も私はしてきたことだが、たぶんあなたも、店員として働いている人をできるだけ大切にしていたのではないだろうか。けれども、自分を生かしたいときがきたなら、あるいは、自分にふさわしいと思うものを獲得したくなったら、どんな店員が出てきても犠牲にはされるまい、という心構えを持って出かけなさい。

デパート、保険会社、食料品店、政府機関、地主、学校など……どこであろうが、一緒である。店員たちは、あなたを目的地へ導く敷石にすぎないと思って突き進めばいいのである。

6 「過去の常識」の延長で生きるのをやめる

以上、五つに分類されたものの他にも、加害者とその種類は数限りなくある。

けれども、これら世の人間や物事によって、傷つき、落胆し、怒り、心配し、恐怖におののき、罪悪感を感じるかどうかは、あなた次第なのである。人が望み通りに行動してくれないからといって、カッカとするのは、あなた自身なのである。あなたは、あなた自身を、何百という方法で犠牲者にしてしまっている。これこそが、自己犠牲の典型なのである。

●「昔決心したこと」が今の自分にそこまで重要なのか

現在やりがいも感じていないのに、一度訓練を受けたというそれだけの理由で同じ仕事をつづけているとしたら、あなたは自分を犠牲にしていると言える。

あなたが今四〇歳だとしよう。もしも、一七歳のときに決心したからというそれだけの理由で、現在はやりたくもない仕事についているのならば、あなたは一七歳のときの決心の犠牲になっていることになる。

考えてみればわかる。人生上の諸問題に突きあたったとき、一七歳のときの判断をどれだけ信じることができるというのだろうか。そんなものは決して信じることはできないはずだ。だいいち、もうとっくに一七歳ではなくなっているあなたが、一七歳のときの決心に執着して身動きがとれなくなる必要がどこにあるのだ。そんなものありはしない。

今日、こうありたいと思ったのなら、そう思う自分になりなさい。あなた自身やあなたの仕事が意に染まないのならば、別の新しい訓練を受ければいいのだ。

●「続ける」ことにたいそうな意味をくっつけていないか

もしあなたが、〝今までそのようにしてきたから〟という理由だけで行動しているなら、あなたは自分の習慣の犠牲になっている。

たとえば、現在冷えきった関係になっているにもかかわらず、ただ単に二五年間結婚生活をつづけてきた、というだけで離婚せずにいる夫婦。あるいはまた、ずっと同じ場所に住んでいるからとか、両親がそこに住んでいたから、というだけで、気に入らないけれども移転しないという人もいるだろう。

過去のかなりの部分を切り捨ててしまうことは、自分の大事なものの一部を失うような気にさせるのかもしれない。しかし、あなたがたとえ今日までどうだったとしても、それはすでに過ぎ去ってしまったことだ。現在何をすることができて、何をすることができないのかの決定を下すのに、なぜ過去の出来事を参考にするのか。それでは、今この瞬間の自由の世界を満喫することなどできはしない。

今まではこうだったという理由だけで、自分のやりたいことを全部除外してしまうことは、自分自身を容易に犠牲にするだけと覚えておこう。

●つまらぬ「道徳」にしばられて、自分からカベをつくっていないか

ひょっとすると、あなたは自分の道徳観をしっかり守っている人なのかもしれない。だが、その道徳観は、明らかにあなたのためになるものではなく、何らあなたに必要なものでもなく、むしろあなたを害するだけのものかもしれない。その道徳観を守ってきたおかげで、これまでは期待通りになってきた。だから服従しつづけようとするのだろう。

あるいは、それら道徳観に反するようなことを話したり、考えたりすると、きっと後悔するに違いないと固く信じているのかもしれない。きっと、嘘をつくのはどんな場合でも悪いことなのだ、と信じているのだろう。また、ある種の性道徳にとらわれて、セックスを楽しめないでいるかもしれない。

いずれにせよ、あなたのその道徳観を正しい基準に立って検討すれば、役にも立たないような信条に固執して、それら道徳観の犠牲になるようなことは避けられるのだ。

●タコのように自分の身体を食いつぶしていないか

自分を犠牲にしたために、身体を痛めてしまうことはあり得る。そして最悪の犠牲――つまり死に至ることだってあり得る。

あなたの身体は、後にも先にも、あなたが持つことのできる唯一の身体だ。なのになぜ、そんな大切なものを犠牲にしてしまうのか。なぜ、誰もがそばにいたくなるような健康的で魅力的な身体にしようとはしないのだろうか。

偏った食事や運動不足のために太ってしまったというのは、自分自身を犠牲にした証拠だ。アルコールやタバコ、鎮静剤などを常用したために身体の老化を早めてしまったというのもまた、あなたが、自分で自分を食いつぶしていく犠牲者であることを表わす。

人間の肉体は、もともとは力強く、よく調和された高性能な機械だ。だが、それをきちんと動かさず、あるいは、粗悪な燃料や添加物ばかりをくべていれば機械そのものが壊れてしまう。肉体はどんどん酷使されてしまうのである。

●自分の首に自ら「負け犬」というプラカードを下げていないか

これまですでに見てきたことと重なるが、自分自身に対するイメージが、あなたの資質を発揮させないように作用することもあり得る。つまり自分に対するイメージが逆に犠牲に一役買ってしまうのである。

何かができない、魅力がない、教養がない、などと自分で思い込んでいると、最後には本当にそうなってしまう。自分で思い込むと、次には他人からそう見られているに違いないと考えてしまう。そうして結局はそのイメージ通りに行動してしまうのだ。そんなふうになりたくなければ、健全な自己イメージをしっかりと形づくることだ。そのように自己イメージに向かってはたらきかけていくことが、決定的に重要なのである。

＊　＊　＊

ちょっと想像力をはたらかせるだけで、あなたを犠牲者にしてしまう方法など、無数に考えつくことができるだろう。けれども、その同じ想像力を建設的につかえば、犠牲になる状況を取り除く方法も見出せるのだ。どちらを選ぶかは、あなた次第なのである。

2

簡単にできる「心の鍛え方」

「意外に強い自分」がいる――

強さを持つということは、決して威圧的であることではない。また、勢力があることでも、巧みな操縦力を持つことでもない。強さを出発点として行動しなさいと私が言うとき、それは、自分を価値ある存在と認め、それを発揮することで人生を自分で導きなさい、ということを意味している。

あなたは本来、常に価値ある存在であり、それゆえ大切な人間である。そんなあなたの人間としての基本的な長所が損なわれるというのは言語道断だ。

どんな状況においても、①自分を主張して目的地を目指すのか、あるいは、②自分を抑えて、やりたいこともできずにおしまいになるのか、この二つのどちらを選択するかは常にあなた自身が決めることなのである。ほとんどの場合（すべてではない）、あなたは自己主張をすることができる。そして、すべての場合、あなたは自分本来の価値を出発点として行動できるのだ。

自分の価値について考えるとき、忘れないでほしいことがある。それは、文字通り、すべてはあなた次第だ、ということである。

あなたが価値ある存在であるのは、他人がそう言ってくれるからでもなければ、あなたに功績があるからでもない。あなたが尊い存在なのは、あなた自身がそのように言い、そう信じているからであり、それよりも何よりも、あなたが価値ある人間として行動するからにほかならない。

犠牲者になどなるまいと思うのならば、その出発点としてまず第一に、自分でそれを表明し、固く信じることだ。そして、行動してはじめて、そのことを実践に移したと言える。価値ある人間として行動することこそが、強さの真髄であり、犠牲者にならないことの真髄でもある。

権力や影響力を持ちたいために行動するのではない。あなたが心の底から自分はかけがえのない存在であると信じるならば、まさにそれだけで強さが生じるのである。そしてこの強さが、価値ある人間として扱われることを保証してくれるのだ。

とはいえ、誰もが最初から自己発揮できるわけではない。自負心は万人に与えられたものなのだが、自己発揮となるとそうはいかない。ときには目的を達成できないこともある。あの人とはどうしてもうまくやっていけないと思うこともあるだろう。あるいは、これ以上犠牲にならないために、自分から手を引いたり、妥協したりしなければならないことも出てくる。

しかし、このようなマイナス面も、最小限度に抑えることができる。そしてそれ以上に、いつも他人から妨害されているという感情は完全に払拭できるのである。

ただし、自己発揮とは、自分の目的を達成するために他人を踏台にすることではない。自身の資質を用い、それをでき得る限り駆使することが自己発揮なのだ。つまり、あくまでも自分の強さを第一に行動することを意味する。

心の弱さをもとにして生活すれば、常に負け犬になってしまうばかりでなく、自分自身を本質的にダメな人間にしてしまう。「それなら……」とあなたは疑問を持つに違いない。「……なぜ、私はそんなことをしてしまうのだろうか」と。

「恐れ虫」の実体は?

強さをもとにして行動できない理由としてあげられるもののほとんどには、「……したら、大変なことになってしまうのではないか」という恐れがふくまれる。

ひょっとすると、あなたは、日常しばしば「恐怖で身動きできなくなる」ような事態を経験しているかもしれない。しかし、何ら実体のない、まるでどこか空のかなたからやってくるようなものが、あなたを縛りつけてしまうとすれば、それはいったい何なのだろう。もしも、得体の知れない「恐れ虫」なるものを捕りに行かされたとしたらどうだろう。バケツいっぱいの「恐れ虫」を持って帰るように言われても、手ぶらで帰ってくるのがおちである。いくら探しても、そんなものいるはずがないからだ。

恐怖などというものは、この世に存在しないのだ。恐怖は、あなたが恐怖感を持ったり、恐ろしいことを予想したりすることによって生まれるにすぎない。だから、あなたが認めない限り存在しない。誰もあなたを傷つけることなどできないのだ。もちろん、あなた自身が自分を傷つけることをしなければ、の話ではあるが。

あなたが犠牲になってしまうのは、もし自分のやりたいようにやったら、人に嫌われてしまうのではないかとか、災難がふりかかるかもしれないとか、いろいろなことを考えてしまうためではないだろうか。このような恐怖は内面的なものにすぎない。自らつくり出した恐怖に直面するのがいやなために、こわごわとその先回りをしているだけである。要するに、奇妙な思考法によって生まれたものを気にしているにすぎないのである。

たとえば次のようなことを、自分に密かに言い聞かせるなどはその典型である。

●私はきっと失敗するだろう
●人から愚か者だと思われるだろう
●私は魅力的でない
●私には確信がない
●私は傷つけられるだろう
●人は私を嫌うに違いない
●私は罪悪感に苛《さいな》まれることだろう
●私は何もかも失ってしまうだろう
●人は私に腹を立てるだろう
●私は失業してしまうだろう
●私がそれをしたら悪いことが起こるだろう
●それを口に出すと最悪の気分になるに違いない
●自己嫌悪に耐えかねないだろう

このような考えは、あなたの内面的な支柱を崩してしまうものだ。そして、強さに基づいて行動することのできない人間にしてしまう。いつも何かにおびえているような、まるで恐怖に根ざしたような人間を育ててしまうのである。

もしもあなたが、自分の心に耳を傾けるたびに、このような恐怖の声が返ってくるようなら、あなたは自分の中にある〝負け犬根性〟と手をつないでいるも同然だ。そして間もなく、犠牲者の刻印が、くっきりとあなたの額に刻み込まれることになるだろう。

もし、絶対にうまくいくという保証がなければ危機的な状況に立ち向かっていけないのならば、あなたは一生、何についても第一歩を踏み出すことができないだろう。未来のことは誰にも約束されてなどいないのだから。人生があなたの思い通りにいくという保証はどこにもない。だから、もし、人生から自分の望むものを得たいのなら、まず自分の中の恐怖心を追い払う必要がある。

重要なのは、恐怖心は現実にあるものではなく、頭のカラまわりから生まれたものにすぎないということだ。想像した災難が現実となって水面から顔を出すことはほとんどない。古代の賢人もいみじくもこう言っている。

「私はずいぶん長いこと人間をやってきた。今までに心配のタネは尽きなかったが、そのほとんどが現実には起こらなかった」

〝トイレの音〟にも悩んでいたのに！

あるとき、一人の患者が私のところへ、長年にわたる恐怖症を相談しにやってきた。ドナという女性で、彼女は少女時代カナダに住んでいた。

そのころ、彼女は家へ帰るのに六キロも歩かなければならなかった。なぜなら、彼女はバス代をどうやって払ったらいいのかわからず、またバス代がいくらなのか聞くのも怖かったからだ。バスの運転手に何か言われるかもしれない、と考えるだけでたまらなかった。これらをはじめとして、少女時代にいかに多くの恐怖に苛まれてきたかを、彼女は語ってくれた。

たとえば、自分の口から意見を発表するのが怖くて、クラスで自分が話す番になると、学校に行けないほどの高熱を出したり、ひどい吐き気を起こしたりしてしまうこと。あるいはまた、パーティーなどでトイレに入ったとき、音を聞かれて笑われてしまうような気がして、排尿できなかったことなどである。

こうして、ドナは自己不信のかたまりのような女性になっていた。恐怖心が彼女の人生を支配していたのである。彼女が相談にやってきたのは、これら恐怖心の犠牲になるのに疲れ果てての末だったのである。

何回かのカウンセリングの中で、私は彼女に、自分にとってのちょっとした冒険をしてみるようにとアドバイスした。それが彼女の恐怖心を除くための解毒《げどく》処置になるからだ。彼女はしだいにそれらを実践していった。

手はじめとして母親に向かって、来週は会いに行けないとはっきり告げた。このことは、彼女にとっては大きな第一歩になった。以後、店員やウエートレスのサービスが悪いと思ったときには、「悪い」と面と向かって言えるようにもなっていった。ドナが、恐怖との対決に挑んでいくなかで見せた変化は驚くべきものだった。そしてついに、私の大学のクラスで、五分間のスピーチを引き受けてくれるようにもなったのである。

この初舞台については、さすがに彼女もずいぶん悩んでいたようだが、それも克服することができた。クラスを前にした彼女は、すばらしかった。このときの彼女から、神経の過敏さや自己不信などというものは、かけらすら見つけ出すことはできなかった。

それどころか、それから三年経った現在、ドナは保護者のための生活指導員をするまでになっているのである。目下、ニューヨークのいたるところで研究集会を開き、大聴衆を集めている。こんな彼女の中にかつては恐怖心がいっぱい詰まっていたなど、誰も信じないだろう。

　彼女は、恐怖心で支えられた愚かな心理体系に積極的に挑み、危険に自ら飛び込んでいくことによって、彼女自身のそれまでの中身を捨て去ったのだ。今や、危険を冒してみること自体が、彼女にとっては自然であり、よろこびでもあるのだ。

　イギリスのすぐれた作家であり、また辞書編纂《へんさん》者でもあったサミュエル・ジョンソンは、次のように書いている。

「すべて恐怖は、苦痛を伴うものである。しかしそれが安全で役立つものでない限り、無益な苦痛である。したがって、根拠のない恐怖を取り除く配慮は、ことごとく人間の幸福に役立つのだ」

　ジョンソン博士のこのことばは、今もって有用である。もし、あなたの恐怖心が根拠のないものならば、それはムダなものであり、あなたの幸福のためには、取り除くことが必須条件なのである。

「臆病神」を追い払う賢い方法

ドナの変化は、人生において大変重要な教訓を、私たちに教えてくれている。つまり、何かを行動で示そうとしない限り、何も習得できないし、恐怖心も取り除けないということである。弱さをもとにして生活している犠牲者のほとんどが、この行動力を毛嫌いしている。行動力こそが恐怖や自己敗北的なふるまいの解毒剤となるにもかかわらずだ。このような人には、私がとても大事にしている次のようなことばを贈ろう。

耳にしたものは——忘れてしまう。
目にしたものは——覚える。
やったことは——理解する。

危険を冒して恐怖と対決してはじめて、恐怖を追い払うことがどんなに気持ちよいものであるかがわかる。たぶんあなたは、歯がむずがゆくなり、脳みそが汗でビショビショになるまで考え込むことだろう。あるいはまた、耳がつぶれるほど友だちの慰めを聞くこともあるだろう。しかしそれらはすべて、あなたが行動してはじめて本当に理解できるものである。

誰もあなたに恐怖というものが何なのかを教えられないように、恐れないことがどういうことなのかも教えられないのだ。あなたの恐怖心は、ほかならぬあなた固有の感情である。だからこそ、自分自身で対決しなければならないのである。

海岸で母親が子供にこう叫んでいるのを聞いたことがある。

「泳ぎ方がわかるまで水に入ってはいけませんよ！」

なんという論理なのだろうか。これは「歩き方がわかるまでは立ってはいけない」、あるいは「ボールの投げ方がわかるまではボールにさわってはいけない」と言っているようなものだ。このような言い方であなたの行動や学習を妨げようとするのは、きっとあなたの行動が彼らに都合が悪いだけなのだ、と思うほかないだろう。

もしもあなたが、今、「こうして恐怖で身動きがとれないのは子供のころ、大人たちにまるめ込まれてしつけられたためなのだ」などと弁解するとしたら、あなたは本当に救いようがない状況に陥っている。かつて大人たちがあなたにしたことは、塗りかえることなどできないのだ。にもかかわらず、今尻込みする状態を彼らのせいにするというのは、再び昔と同じ犠牲者に後戻りすることにほかならない。

子供時代の経験は、両親のしつけの結果だと思えばいい。そして今、これから、自分の思うように自分を変えていけばいいのだ。

今の自分から抜け出し、失敗を繰り返し、これを試したり、あれを変えたりと、試行錯誤してみることだ。このような試行錯誤が、あなたの知性や成功のチャンスを損なうものだとでもお考えだろうか。むしろ、必要な体験を拒むことこそ、自分に対して「知ることを拒否する」と言っているようなものではないか。そして、知ることを拒否するとは、とりもなおさず、自分を弱者にすることである。他人から犠牲者にされてしまうということのなのである。

自ら進んで何かを試そうとしなければ、強さを知ることはできない。試練をすべてクリアすることができるならば、もはや試練は必要ないだろう。しかし失敗する以上は、試練をやめるわけにはいかない。あなた（他人ではない、あなたである）自身にとって価値があると思われるものに、自発的にぶつかっていけるような境地にまで達することだ。そうすれば、経験が恐怖心の解毒剤であるということを理解できるだろう。

機知豊かな一九世紀の政治家であり、作家でもあるベンジャミン・ディズレーリは、初期の著作の中で簡単明瞭にこう言っている。

「経験は思考の子供であり、思考は行動の子供である。われわれは人間について書物から学ぶことはできない」

まず行動し、それから考える。そしてやっと三番目にして知ることができるのだ。あなたを犠牲者にしている臆病神と、このようにして対決していくのである。

弱気になったら、まずこの〝勇気の宣言〟

恐怖に進んで立ち向かうことを勇気という。そして、自分でかなりの勇気を奮い起こそうとしなければ、恐怖心を克服することはむずかしい。ただ、勇気というのは、たとえ自分の中にすでにそなわっているとしても、実感するのはむずかしいものである。

勇気とは批判のまっただ中に飛び込むこと、自分を信頼すること、自分の選択の結果を受け入れ、そこから何かを学びとることである。また、自分自身を信じ、自分で決めた人生を送ることが価値のあることだと信じ、他人が人生の糸の一方の端を持って逆の方向に引っ張ろうとするなら、その糸を断ち切ってしまうことである。

「もし実行したら、最悪の場合どんなことが起こるだろうか」と、繰り返し自問すること。

そうすれば、勇気に向かって精神的に飛躍できる。たいていの場合、私たちは、子供が暗闇を怖がるように、何もないのに怖がっているからだ。無こそが最大の恐怖なのである。

アメリカの作家、コーラ・ハリスはこのように言っている。

「勇敢でないときにできるもっとも勇敢なことは、自ら勇気を宣言し、それに従って行動することである」

私はこの勇気の宣言という考えが好きだ。なぜなら、重要なのは、そのときどきで自分がいかに勇敢か、あるいはそうでないかを確かめることではなく、むしろ、進んで行動することだからである。

「こんなことをして、何の得があるか」といつも問え

恐怖で身動きがとれなくなったとき、つまり犠牲者になったときには、必ずこう自問してみることだ。「こんなことをしていて、何か得があるだろうか」。あなたのこの第一の自問には、たぶん「何もない」という答えが返ってくるに違いない。

しかし、それで終わらせず、もう少し掘り下げてみよう。「何もない」にもかかわらず、

人々はなぜ、簡単に犠牲者になるのか。自分の立場を強く主張し、自分の人生の糸を自分で操作するよりも、犠牲者になるほうがラクだとどうして感じてしまうのかということだ。あきらめて、他人に主導権を渡してしまうということは、一見多くの危機を避ける方法のように思える。「窮地に陥る」ことを免れ得る便利な方法のようである。

たしかに人に任せてしまえば、物事がうまく運ばなくなったとき、あなたの糸をあやつっている人を責め、彼らを悪人呼ばわりすれば、自分の責任を巧みに軽減することができる。そして同時に、自分を変える必要性を都合よくうやむやにできる。こうして、善良でかわいい犠牲者でいられるという「自由」を得、加害者たちから、まやかしの定期配当金をもらうようになるのである。

つまり、このような弱さからくる報酬とも言うべきものは、ほとんどの場合、あなたがリスクを避けようとすることから生まれるのである。

〝信念を持っている杭〟は打たれない

もし、あなたが人から尊敬されたいと思うならば、尊敬を受けている人をよく観察してみればいい。弱さをもとにして行動していたのでは、自分もふくめて誰の尊敬も得られないということがすぐにわかるはずだ。自分を断乎として押し通したら人に嫌われるかもしれない、などといったつまらぬ考えは捨て去らなければならないのである。

キャシーという患者が、このような教訓を実際にどのようにして学んだかを、私に語ってくれた。彼女はある研究会に参加することになっていて、前もって登録もし、席も確保していた。ところが会場へ行ってみると、定員オーバーなので他の建物でやっている別の集会に行くように、と講師から言われたのである。

今までとは異なり、数カ月間のカウンセリングで彼女は自分の意志を貫き、危険を冒す勇気を身につけていた。彼女の決意は固まっていた。

大勢の前でその講師に向かって、絶対に聴講させてくれるように主張した。講師が「はい、でも……」と逃げ口上を繰り返し、彼女を思いとどまらせようとしても、頑として受け入れなかった。とうとう講師のほうが折れて、聴講してもいいが、登録係には内緒にしておいてくれということになったのだった。主催者側が決めた定員規約に反するからということだったのだ。

数時間後、その研究会でキャシーの強引なふるまいが話題になった。彼女は内心、招かれざるところにむりやり押し入ったいやなやつ、と思われているだろうと考え、恐ろししかったという。

ところが実際は彼女の予想に反して、研究会の参加者全員が、彼女をりっぱだと思い、陰ながら声援を送っていたことがわかったのである。さらに、どのようにしたら彼女のように危険に立ち向かうことができるのか、大勢の前でも犠牲にならずに済むのかを教えてほしい、と言う感想さえ出たのだった。

キャシーは驚きに目を輝かせて、私にこの出来事を語ってくれた。「想像してみてください」と彼女は言う。

「みんな、本当にこの私に教えを求めたのです。いつも、自分でも用心深くて臆病だと考えている、この私に！」

『人と超人』の中で、ジョージ・バーナード・ショーは、危険を冒すことで得られる精神的な強さと充実感について、こうまとめている。

「人生の真の喜び、それは、自分でもすばらしいと認めた目的のために役立つ存在であること、……世界が自分の幸福のために何もしてくれない、と不平不満をまくしたてる、利己的な、くだらない土くれではなく、自然の力である存在になることだ」

堂々と自己主張するための15の実践法

おわかりいただけたと思うが、強さこそが一番大切であり、活力的になるほど他人に尊敬されるのである。恐怖心は、あなたがせっかく持っている能力を殺してしまうものだ。そしてこの恐怖心は、ほかでもない、あなた自身が自分でつくり出したものにすぎない。

また、自己主張をためらうという自己敗北的な考えをはねつけるには、勇気が必要である。しかしこの勇気というのもまた、永遠に持ちつづけられる特性ではなく、何らかの挑戦に出合うたびに、出すべきか否かを選択していかなくてはならないものである。

次にあげるのは、私たちが陥りやすい状況の中で、どうすれば勇気と確信を持って人と接することができるようになるか、その方法の数々である。

1　お伺いを立てる代わりに、言い渡せ

これからは、話したり、考えたり、行動したりするときに、誰かに許可を求める習慣はやめること。お願いするのではなく、宣言することだ。

たとえば、「質問をしてもよろしいでしょうか」と聞くのではなく、「私は……を知りたいのです」とはっきり言う。あるいはまた、「返品しても、かまわないでしょうか」と聞く代わりに、「気に入らないので返品しにきました」と言うのである。そして、「一時間ほど出かけてもいいかな」と伺いを立てるのではなく、「出かけてくるけど、僕に頼みたいことはあるかい」と言ってみる。何でもかんでも許可を求めなければならないのは、奴隷と囚人だけである。

2　相手の目をまっすぐ見て話せ

人と話すときには、相手の目をまっすぐ見ること。下や横を向いて話すと、自信がないと受けとられてしまうからだ。それは、犠牲者への第一段階に自ら入っていくという信号を相手に送っているようなものだ。

相手の目をまっすぐ見ることによって、目の前にいる人物を怖がってはいないぞ、というメッセージを送ることができる。たとえ本当は恐ろしくても、である。

3　背すじをシャキッと伸ばし、どっしりとした声で

態度やしぐさもまた、自信とその人の強さを伝えるものである。背すじを伸ばして立つ

こと。すわっているときも姿勢よくすること。手で顔をおおったり、オドオドしてはいけない。自分の考えに確信を持てば、顔が引きつったり、しかめっ面をしたり、赤面したりすることもなくなる。そして、押し殺したような弱々しい声ではなく、どっしりした声で話すことだ。

4 「あのー」「えー」はもう口にするな

「あー」「うー」「あのー」といった無意味なことばの間《ま》をひっきりなしにつかうことはやめ、自分のことばでしっかり話すこと。これらの悪い習慣は、対話をますます不安定にする。会話を息苦しいものにしてしまうのだ。必要とあらば、もっとゆっくり、落ち着いて話せばよいのである。自分のことばに気をつけるようにすれば、一夜にして、弱々しい話し方を変えてしまうこともできるのである。

5 「私は便利屋ではない」と自分に言い聞かせよ

誰かがあなたのものを借りにきたとき、もし貸したくなければ、強気に出なくてはならない。それがお金であるにせよ、何かの品物であるにせよ、また、時間や才能といったようなものであるにせよ、貸したくなければ、強気で拒否する心構えでいなければならない。

そうでなければ、あなたは即座に犠牲者になってしまう。

「私は便利屋ではない」「クレジット屋でもない」と自分に言い聞かせる練習をしておきなさい。いろいろな言い訳をでっちあげたり、遠まわしに断ってみたりしても、結局は貸すはめになってしまうのだ。そんな犠牲者になる必要などまったくない。これから自分がどのような態度に出るかを公然と示せば、次のようなメリットが得られる。
(1)最初から立場を明確にしてあるので、悩まされることはない。
(2)友だちや親戚は、あなたの正直さを知って、最後には結局、あなたを今まで以上に尊敬するようになる。
引き受けたらきっと後悔するとわかっているようなことを、自分の都合で断ったからといって、何の不都合があろうか。そんなことで友だちから憎まれるのではないかと恐れているのなら、「ありのままの私を見捨てるような人と、本当に友だちでいたいのか」と自分自身に聞いてみればいい。

友だちとは、今のあなた以外の人間になれ、と強要してくるような人のことではない。今のあなたは、あなたが自分自身で選んでそうなっている。それを変えろと言うような人は、友だちではない。けれども、このような人に限って、自分の思うようにならない相手(=あなた)を嫌う。寄生虫というものは、食べさせてもらえなくなると、宿主を嫌うものだ。

こんなときには、自分にとって「最悪の状態」とは何かを考えてみればいい。この場合、あなたを利用したがっている人が、あなたを嫌い、あなたのもとを去っていくかもしれない、ということだ。だとしたら、そのことが、どうしてそんなに恐ろしいのだろうか。何でもないことではないか。

といっても、もちろん、自分がさしつかえなければ、何でも貸してあげればいい。しかも、より効果的に貸してやるのである。

6　タバコの煙がいやならいやとはっきり言って

あなたがタバコを吸わず、タバコの煙に我慢がならないなら、勇気を出してそう言ってみることだ。イライラしながら我慢することなどない。「今はタバコをやめていただければうれしいのですが」と、ただ告げればいいのである。

これは、喫煙者の許可を求めて、タバコをやめてほしいとお願いしているのではない。あなたの言いたいことを言っているのである。それを喫煙者が拒否する場合もあるが、だったら自らの選択権をつかって、席を移るまでだ。同じ場所にすわっていなければならないということはまったくないし、タバコの煙を吸って煙たい思いをすることもない。

この場合も、最悪の状況は何なのだろう、と考えてみればいい。喫煙者が今までと同じようにタバコを吸いつづけるだけである。だったら、思いきって言ってみるべきだ。

きわめてまれに、迷惑がってその場を動かず、嫌味ったらしくよけい図々しくタバコを吸いつづける人もいるだろう。けれどもたぶん、十中八九はあなたの要望に答えてくれるはずだ。もし本当に吸いたいときは、しばらく他の場所へ移って吸えばいいのだし、またそうするはずなのである。

7　ドキドキ、イライラするならむしろ怒れ

自分の怒りや不満の犠牲になる代わりに、それらを効果的に利用できるようになりなさい。たとえば、あなたの幼い子供が道路で遊ぶと言い張り、あなたがそれをやめさせたい場合だ。このようなときには、大声をあげて、いかにも怖そうに行動してやめさせることだ。ただし、自分は効果をあげるために怒っているのだということを忘れないように。

危険と知りつつも、何も言わずにただドキドキ心配しながらその場を離れるとしたら、胸が怒りで満ちてあなたの血圧が二〇高くなるだけである。つまり分別のない子供のやることの犠牲になっているのだ。

こうなるくらいなら、決意を固めて、怒りを爆発させればいい。そうすれば、「われな

がらよくやった。私が本気だということを本当にあの子に知らせることができたし、私自身も今、全然カッカしていない」と思いながらその場を離れることができる。

つまり、自分の個人的な強さをもとに行動するということだ。強さを効果的に用いるだけで、潰瘍や高血圧、激怒、心配なども避けられるのである。

8 「あなたの上司と話がしたい」と言ってみよ

何かの要望を聞き入れてもらいたいとき、恐れずにその人の上司に会わせてもらいたいと言ってみよう。誰にでも、それぞれ従わなくてはならない上司がいるものだ。

まるで脅迫状のように成績表をちらつかせる大学教授、複雑な法律など知らないあなたの無知を利用して威嚇する税監査官、いかにも偉そうな顔をして脅迫する役人などなど、みんなそうだ。

だから、学長だとか会長などに電話を一本入れるとか、格調高い手紙を書留で送るとかすればいい。そうすれば、いかめしい地位を笠に着る人々の犠牲にならずに済むことがある。相当な解毒的効果があるだろう。

上司のいる人とやり合って、最後には負けてしまいそうだと思ったら、自分はその上司のところへかけ合いに行くことも辞さない、と告げてやりなさい。そして必要とあらば、実際に直談判することだ。

9　人生の勝ち負けをときには〝ゲーム〟のような感覚で見よ

感情を乱されてしまいそうな人と接するとき、冷静でいられるようになること。その人といるのは辛いとか、その人を恐れているとか、あるいはオドオドしていると悟られてはいけない。

あなたの価値や幸福は、その相手とのやりとりにおける勝敗とはまったく無関係である。これだけは肝に銘じておこう。だから、どんな場合も他人の前でオドオドする必要などないのだ。

人生での「勝ち負け」を、「これは、私にとって重大な意味がある」などと思い込まず、むしろゲームとして楽しむようにしたい。行動的になろうと心に決めて、ゲームの作戦をたて、その人に体当たりすることだ。

ただし、恐怖を表に出したり、威嚇《いかく》したりすることは控える、その心がけが大切だ。もし、他人との対決が、あなたの人生にとって決定的な意味を持つということが相手に知られたらどうなるか。あなたは思ってもみなかったことを口走ったり、わけのわからないことをしたりするはめにもなりかねない。あなたの気分は、相手がどんな行動にでようが、それに左右されたりしない、とはっきり姿勢を見せることだ。断乎たる決意の信号を送るのである。

自分の気持ちを他人に支配させないように訓練していくうちに、ほら、ごらんなさい。自分で自分自身をコントロールできるようになってくる。そうして、以前よりもずっと満足できるようになるし、もちろん、より多くの勝利を手に入れることもできるのである。

10 「できると思います」を「できます」に言い換えよ

上司から仕事を割り当てられたり、あるいは採用試験や面接を受けたりする場合、「私にはやりこなせるかどうかわかりません」とか、「この訓練はまったく受けたことはありませんが、なんとか覚えられると思います」などとは決して言わないことだ。

あなたは今までに豊富な経験を積んできている。その仕事をこなせる能力を持っていることは、自分が一番よくわかっているはずだ。ならば、どんな仕事でもこなせると、自分に言い聞かせ、また相手にもそう言うことだ。自分の能力と熱意を持って主張するのに躊躇してはならないし、すぐに仕事を覚える人間だと思わせるのにためらいはいらない。

面接官や上司の中には、強く自己主張すると圧迫感を感じる人がいるかもしれない。あなたの自信ある態度に反発を覚えるかもしれない。しかし、そういう人はすぐに見分けがつくものだ。

大多数の上司や面接官は、会社におおいに役立つ人材として、あなたのその自信を高く評価するはずだ。この種のねばり強さは、マイナスにはたらくよりもむしろ、プラス方向にはたらくことが多いのである。

11 「生身の自分」をさらけ出すのをためらうな

自分の個人的な話をすることを、ためらわないというのは大切なことだ。他人はみな、私の人生の「個人的」な事実をほじくり出そうとしていて、そしてこのことで私の感情は傷つけられてしまう、と恐れているのなら、このような恐怖と対決しなさい。

「他人が私の感情を傷つける」という、どこにでもあり、誰もが感じる恐れの九九パーセントは誤りだ。自分を自由にさらけ出すことができ、また、自分についてのいろいろな話題が顔を出してもまったく平然としていられれば、あなたは今より数段強い人間になれる。心の中に小さな立入禁止区域をいくつも持って、そこにとじこもっているときよりも、ずっと強くなれる。

といってももちろん、個人的な性生活を暴露したり、家庭の秘密をあれこれ吹聴するということではない。ただ少なくとも、生身の自分をさらけ出したら、きっと他人はバカにするだろうとか、さんざんな目に遭わされるだろう、といった考えを捨てるということだ。

自分に素直になりなさい。その気になったら、自分をさらけ出しなさい。要は、感情を傷つけられるのが怖いから自分を表に出せない、という考えを捨てることなのだ。

さらけ出したくないのはわかる。けれども、それを恐れることはまた別問題である。自分自身についてはは話したくないという、その気持ちに挑戦すること、挑戦する訓練をすることが大切なのだ。こうした訓練をしてみれば、それがあなたにとって健全なことだと気づくだろう。

もしも、内気で、泣き虫で、臆病で、過度に攻撃的で、という生身のあなたを相手が知ったとしたら、その人はどうするだろうか。あなたの心を痛めつけるだろうか。このような情報を得て、相手はどういう態度をとるだろうか。上司はあなたをクビにするだろうか。しないはずだ。万一クビになったとしても、他にも仕事はある。人々は噂を広めるだろうか。おそらくしないであろう。もし噂が広まったとしても、そんな他人の中傷をもとにして生きていく必要がどこにあるのか。世間というものは、あなたがいやがろうがどうしようが、根も葉もないことを言い広めるものだ。だから、彼らの陰口をやめさせようと躍起になることなどないのである。

12 不当な請求は断乎ことわれ

誰かに代金を支払って何かをしてもらうとき、もしその人が約束通りにやらず、あなたを犠牲にしようとしているようだったら、どうすればいいか。

たとえば、自動車の修理の場合なら、その場に立ち会って監視するようにしなさい。ただし、あまり長い時間を監視に費やすと、さらに大きな犠牲を払うことになるので注意すること。

要は、修理工に約束通り仕上げさせることである。だから、まだ仕上げてもいないうちから、契約書にサインしなければ、などと一秒たりとも考えてはいけない。請求額がいくらであろうが、支払いの契約書にサインをしてはならない。また、前もって「新しいオイル・フィルターはいらない」とはっきり言っておかなければ、十中八九、必要がない場合でも、一つ買わされるハメになる。だから、これら不当だと思われる請求に関しては、納得がいくまで説明してもらうようにしなさい。

受けとった送り状には目を通す習慣をつけよう。そして過剰請求に気づいたら、自分の言い分を正確に会社側に知らせ、あなたをだまそうとしている人との取り引きは解消する。そして、あなたの地域の産業改善局や消費者センターなどに正式な陳情書を送ってごらんなさい。このわずかな時間で書いた手紙が、社会の悪い習慣をやめさせる一助ともなるのである。

13 納品の遅いセールスマンは相手にするな

家具や車などの納品までに、バカバカしいくらい長い時間がかかると言われたとき、そんな店員のことばを信じて自分を犠牲にしてはならない。先方の「この日しか納められない」とか、「これ以上早くは無理です」などといった言い分を頭から信じることはない。

あなたがすぐにでも欲しいと思っているもの、あるいはすぐに必要なものが車の場合なら、別のディーラーにもあたってみることだ。納車の遅いディーラーには、そんなに長く待つ気はないことを伝え、さらに店長と交渉するようにしなさい。そして、よそのディーラーがもっと早く納車してくれるのなら、そちらに頼むと言ってやりなさい。そして、決して前払いはしないこと。

さらに大切なことは、どんな契約でも守られなかった場合には、最低限の保証をしてもらえるという項を入れておくことである。口うるさくする必要はない。ただ、意志を強く押し通すだけだ。「十週間だけ待てばいいのだ。本当はもっと早く欲しいのだが、先方がそう言うのだから仕方がない」とつぶやくような犠牲者になる必要はないということだ。

事実、私の患者に次のような人がいた。彼は、ニューヨークでは「車の配送には八週間以上かかる」と言われた。そこでミシガン州の店に問い合わせてみたところ、わずか四日で届くうえに代金もニューヨークより三〇〇ドル安いということだった。そこで彼は一二時間かけてミシガン州に取りに行き、浮いた金で休暇旅行をしたというのだ。

このように、あなたにさえ犠牲になる気がなければ、またそうなることを決して認めない態度をとれば、どんな状況をも勝利に変えることができるのである。

14 欠陥商品、不快なサービスには一円も払うな

原則として、質の悪い品物やひどいサービスに対しては代金を支払わないこと。もしも、レストランのサラダがワラを噛むようなものだったり、パイがパサパサだったりしたら、まずそのことを指摘し、そしてその分を伝票から差し引いてもらいなさい。ウエーターや会計係が疑い深い目で見たら、冷静に店長と交渉すること。そうすれば犠牲者にならなくて済むだろう。

注文していないものについて請求されたり、あるいは過剰請求された場合は、支払いをしないことだ。あとから来るであろう料金不足の督促状や脅迫状のことを考えて、ひるんではならない。あなたが断乎たる態度をとれば、彼らはその場であなたを傷つけたりはしない。

欠陥のある品物やサービスに対して、その支払いを拒否することは、あなたの額に犠牲者の刻印を押されないための一つの方法なのである。

15　むやみに〝他人〟を自分の上にまつり上げることはやめよ

自分自身に絶対的な信頼をおくこと。権威のある人だからといって、むやみに他人を自分の上にまつり上げてはならない。自分にではなく他人に絶対的な信頼をおいてしまったがために、あなたの人生が彼らによって適当に支配されるとしたらどうだろう。それでは自分から犠牲にしてくれと頼んでいるようなものだ。

そうではなく、幸運がやってくるのをただ待たずに自分からチャンスを求め、チャンスをつくり出していくのだ。あるいはまた、物事の成果だけにとらわれず、ひたすら目的に向かって突き進んでいくのだ。そうすることで気づかないうちに、あなたは犠牲を避けるコースに乗っているに違いない。

最後に次のひと言が、この章の内容を言い尽くしているはずだ。

「バイオリン奏者に金を払ったのなら、必ずあなたのリクエストした曲を弾いてもらいなさい」

3
無駄なエネルギーは使わない

「クヨクヨ名簿」から自分の名前を取り除く

あなたを犠牲者にしてしまう有力な方法の一つ、社会で頻繁に用いられるその方法とは、あなたにとってどうしようもない事実や、過去の言動、出来事について触れることである。

この悪質な犠牲の罠にかからないためには、まず、その種の会話に引き込まれないことだ。そして、人々があなたの注意をそこへ向けようといかに苦心しているかを知ること。そうした人たちは、今さらどうにもならない過去の行動にいちいち文句をつけることによって、あなたを守勢に回らせようとしているのだ。この彼ら独特の理不尽さから縛りつけられることを拒否するのだ。

私は常々、動物からは多くのものを学ぶことができる、と主張してきた。しかしだからといって、本能に従って行動する動物と同じように、私たちも本能だけで行動すべきだと言っているわけではない。動物たちは、人間とは違って理性が限られているために、本能に従わざるを得ないだけだ。それでも、動物からちょっとしたことを学ぶことはできる。

たとえばウォルト・ホイットマンは、『草の葉』の中で動物への愛を次のように鋭く表現している。

動物とともに生活できたらいいなと思う。彼らは落ち着いていて無口だ。
長い間、立ったまま私は彼らに見とれてしまう。
彼らは、自分たちの境遇について、悩んだり、泣きごとを言ったりはしない。
彼らには、暗闇で眠れぬ夜はなく、罪に涙することもない。
彼らは、神への務めを討論して、私をうんざりさせることもない。
誰も不満に思うことなく、誰も物欲に狂ったりはしない。
誰も他のものや、何千年も前に生きていた同族のものをたてまつることはしない。
誰もこの地球上で恰好《かっこう》をつけたりするものはなく、また不幸なものもいない。

ホイットマンも言うように、動物は、とにかく、過ぎ去ったことに焦点を合わせて生きていくことはできないのだ。彼らは、美しい思い出を持つことはできないが、不必要に悩んだり、罪のなすり合いをすることもまたできないのである。彼らはただひたすら、今を生きるために現在があるかのように生きている。私にはそう思えるのである。

犠牲者の名簿から、あなたの名前を除くためには、このように動物たちからちょっとした手がかりをつかむ必要がある。そして、次のようなプログラムを実行するとよいだろう。

(1)自分の力で変えることのできない事柄を自覚し、あるいは思い出すこと
(2)あなたを犠牲にするために、人々が、あなたの過去をいかに利用したがっているかを知ること
(3)自分の過去のことで、いかに自分自身を犠牲にしているかを見きわめること
(4)自分自身、あるいは他人の中に加害者的な言動を見出したら、必ず犠牲者にならないための戦略を実行に移すこと

「どうにもならないこと」への賢明な対処法

逆立ちしてもどうすることもできないもの――それは、あなたの過去の言動である。やってしまったことは、すべてもう過ぎ去ったこと。私たちは、常に過去から学びとることができるし、またそれが現在にまで引きつづいていれば、ものによっては変えることもできる。しかし、あなたがすでにしてしまったことを、取り消すことは絶対にできない。

私たちは、過去の過ちによっていかに成長するか、あるいは、今できることは何なのか

を問うべきなのである。にもかかわらず、過去にああすべきだったとか、こうすべきではなかったなどと口にしているようなら、あなたは、逃げ口なしの落とし穴にはまってしまった犠牲者である。

過去のことをいつまでもぐちぐちと反芻《はんすう》するのは、犠牲者の典型的な姿だ。あるいはまた、あれをどうした、これはこうした、どうすべきだったと、たえず思いめぐらせたり、ああすればよかった、こうすればよかったと悩み苦しんだりすることはすべて、犠牲者の陥りやすい反応なのだ。

だが、あなたは、過去ではなく今この瞬間に生きている。努力すればこれらの思いわずらいなどなくすことができるのだ。昔のことで傷ついたりするのは本末転倒であり、自己否定的なことなのである。

自分の過去以外にも、自分では変えることのできないものはいろいろある。それで思い悩んだり、気持ちを動揺させたりしても、結果として何の成果も得られはしまい。

次にあげるようなことは、自分の力ではどうすることもできない。まず、そのことをはっきりと覚えておかなければならない。

1　なぜ明日の天気に気を揉《も》むのか

天候が人力では変えられないということぐらい、今さら言うまでもないはずである。だが、胸に手を当ててつらつら考えてみると、気温や風、雨、嵐などについて自分がどんなに気を揉んできたかがわかる。そのことが実は、あなた自身がまぎれもなく犠牲になっていることの証なのだ。

もちろん、無理して「悪天候が好きだ」というふりをする必要はない。だが、天候によってあなたが少しなりとも縛りつけられているとしたら、考え方を変えるようにしたほうがよいだろう。

2　一日二四時間はそれ以上でも以下でもない

好むと好まざるとにかかわらず、時間は常にまったく同じペースで流れていく。一日は二四時間なのだ。時の経つのが速すぎるとか遅すぎるとか、一生こぼしつづけることもできるけれども、そんなことを言って悩んでいるうちに、いつの間にか少しずつ年をとってしまうのだ。

3　税は昔から高いものときまっている

かまわないからためしに、税金が高すぎると、周囲に憤慨してまわってごらんなさい。せっかくのあなたの慷慨《こうがい》の報酬は、ノック・アウトと一時的なストレスだけだということがわかるはずだ。税金というものは、いつの世も高いものであり、かつまた、あまりにも、高すぎるものなのだ。

税金を少しでも減らしたいのなら、税金を減らしてくれそうな政治家に投票するしかない。税金そのものについてカッカするのは、まったくムダなことだ。

4　自分の年齢を逆に数えることはできない

年齢は、変えることはできない。たしかに、外見や態度、服装を変えることはできる。そして、自分をいくつと感じるかといった意識を変えることはできる。しかし、実際の年齢は、どうしようもないのだ。年をとったものだ、とこぼしても、何も変えられはしない。むしろ、こぼせばこぼすほど、実際よりもずっとふけて、疲れ果て、油がきれて、身体の節々が痛むような気がするくらいのものなのだ。

5 「他人を変えられる」――これは驕《おご》りである

繰り返しになってしまうが、あなたのことを他人がどう思おうが、それは彼らだけの問題である。あなたの意志に関係なく、人々は自分が信じたいように信じるものなのだ。

自分がしてほしいと思うことを、一所懸命に人にやってあげることはできる。また、一所懸命に人を説得しようとしたりはできる。けれども、彼らの気持ちを動かそうと四苦八苦して、結局は自分が折れてしまう必要などまったくない。人が自分についてどう思うか、何をやっても予想できないようなら、彼らの考えに惑わされるのは、何の意味もない。

とはいえ、あなたについての他人の考え方が、あなた自身のイメージより良いものでかつ重要なものの場合は別であるが。

6 〝対岸の火事〟に心を痛めすぎない

選挙、戦争、論争、嵐などの結果について思い悩んでも、自分を身動きできなくするだけである。現代の大規模な社会悪についても同じことが言える。

人々はずっと、互いに闘い合ってきたのだ。だから、もし、今も地球のどこかで闘いが行なわれているとしても、何ら不思議はない。もちろん、どんな戦争においても、もともと闘う必要などまったくないのだから、この惑星から戦争のたたりを一掃するために力を尽くすことはできる。しかしながら、闘いを選んだ人がいるからといって、自分まで不快になったり、悩んだり、みじめになったりしていては、自分を犠牲にすることになる。

いくら悲しんでみても、またいくら罪の意識を感じてみても、戦争や天災、飢饉《ききん》などをなくすことはできない。だから、どうしてそのような自己否定的で愚かな考え方をするのかを、静かに考えてみてほしい。

7 自分が「持って生まれたもの」はとことん愛すること

あなたの目に映っている姿が、たぶんあなた自身の姿である。だから、体型や背丈、耳、つま先、性器の大きさなどについて不満を持つことは、自分をただカッカとさせるだけだ。つまり自分を犠牲者にしているのだ。減量やボディ・ビルで体型を変えることも大切だが、持って生まれたものを愛するのも、それと同様に大切なことなのだ。変えられないものは、愛するようにするほうがよい——心から。

8 「悲しみ」の伝染者・犠牲者になるな

あなたの知人や愛している人が病気になったとする。このようなときに嘆き悲しんでばかりいると、犠牲者になってしまう。場合によっては、愛する人とともに床に伏せることになるかもしれない。

全力を尽くして病人を助けてやりなさい。そばにいてあげたいならそうしなさい。また、慰めてもおやりなさい。しかし決して「こんなことになるなんて」とか、「彼女のこんな姿は見るに忍びない」などと、独り言を言ってはならない。

あなたが健康で丈夫なら、その丈夫さが他の人々の手本となるだろうし、回復しようという気を起こさせるかもしれないのだ。逆に、湿っぽく陰気な態度でいるとかえって周りの人々を傷つけてしまうし、何よりあなた自身も傷ついてしまうのである。

9 〝いつかは死ぬべき病〟が生命である

生きた肉体を持ってこの世を去るなんてことは、誰にもできない。これはいくら否定しようにも否定し得ない事実だ。生命とは実際、いつかは死ぬべき病のようなものなのだ。私たちは、死が愛する者や周りの人々に訪れたときは、必ず恐れ、のろい、悲しむべきだ、という習慣を身につけてきた。しかし、病理学的には、死はもっと文化的で知的なものとして扱われる。あなたも、もっと死を現実のこととして受け入れる態度を身につけることができる。ジョナサン・スウィフトの死についてのことばを思い出してほしい。

「死ほどに自然で、不可欠で、普遍なものが、神の摂理によって、人間への災いとしてもくろまれたなどというのは、あり得ないことである」

10　物事を「あるがまま」に受け入れたうえでうまく利用せよ

一九歳のジェニファーがあるとき泣き声でこう言った。

「砂浜でピクニックをするなんていやだわ。そこらじゅう砂だらけなんですもの！」

砂浜は砂だらけで、砂におおわれているものだ。同様に、岩は固く、海水は塩辛く、川は流れるものなのだ。自然界にあるものをそのまま受け入れなければ、あなたは犠牲者になるばかりである。


同様に、現実にぶつかったときに不平を言うことをやめない限りは、いつまで経っても犠牲者のままなのだ。自然界のものについて、いつも不平ばかり言っているくらいなら、天王星にでも行こうとしたほうがマシなのではないだろうか。


以上、自分の力ではどうにもならないもののうち、いくつかを見てきた。もうこのくらいにしておこう。

たしかに、この世界で何かを変えるためにはたらきかけるというのは、本当にすばらしいことである。しかし、自分の立場をわきまえることもまた大切である。変えられないことについて、愚かな批判を下して、欲求不満に陥るのはやめるようにしなさい。そして、どうにもならないことについて一時的に悲しんだりして、自分を犠牲にするのはやめることだ。

ここで、ラルフ・ウォルドー・エマソンのことばを聞いてみよう。一八四一年ごろに書かれたエッセイ、『思慮《プルーデンス》』の中で、簡潔かつ意味深く表現されている、あのことばだ。

「われわれのできることをしよう。夏には、ハエがいるものなのだ。森を歩けば、蚊に食われるのだ」

百数十年経った現在でも、夏にはハエがいるし、森には蚊が飛んでいるのである。

「ああすべきだった人間」のしかける罠

もしも誰かが、あなたに「あのときは、こうすべきだったのに……」と言うなら、このことばの犠牲にならないように注意しなくてはならない。

「すべきだった」ということばは、決してあなたのしてしまったことを変えはしない。代わりに、あなたに、自分が悪かったのだと認めさせるだけだ。さらに、このことばは、今充分にできることについて考えることを妨害する。あなたの加害者になるかもしれない人が、あなたの過去の言動について話を進めている限り、あなたが今探し求めているものを手に入れることは絶対にできない。

　このような、あなたを陥れようとする卑劣な犠牲のゲームがどのように行なわれているのか、例をあげて見てみよう。

　アーサーは金曜日の午後に引越し、電力会社に電話して、電気をつないでくれるように頼んだ。しかし相手の従業員の返事はこうだった。

「水曜日に電話してくだされぱよかったんですがね。今からじゃ、どうあがいても間に合いませんよ」

　アーサーがこの従業員の手に乗っていたら、犠牲になっていただろう。危ういところだった。

　だいたいこんな発言は、まったく理不尽である。なぜなら、「電気をつないでもらいたいときは、二日前に頼む」といった会社の「方針」など、アーサーは知るよしもなかったのだから。

　また、もはや金曜日になってしまっているのだから、水曜日に戻って電話をかけることなどできない。いくら「ああすべきだった」と言われても、それらはすべて無理なことであると同時に、バカげたことなのである。

アーサーはしかし、この種のことが、どこでも頻繁《ひんぱん》に起こることであり、自分を犠牲にする罠であると気づいていた。しかるべき人物の命令さえあれば、その日にでもやってくれるはずだと考えた。

そこで、この従業員とのやりとりで話が泥沼化してしまわないうちに、上司と話をしたいと申し出たのである。アーサーは、その上司に事情をくわしく説明し、その結果、はじめは「不可能だ」と言われていたにもかかわらず、その日の晩には電気をつないでもらえたのだった。

このように、「ああすべきだった」ということばは、あなたを自分たちの都合のいいように縛りつけておこうとする人がつかう常套句だ。実際、このゲーム開始の合図は、日々の一瞬一瞬に、世界じゅう、どこの職場でも聞かれる。

そしてこのことばが成功を収めるのは、言われた当人がこのことばの罠に気づかず、ひっかかってしまうためだ。自分は「すべきだった」と言われたことをしていない——そうして罪悪感を感じてしまったり、自分の無責任さに悩んでしまったりするからだ。犠牲になる可能性のある人とは、このような人なのである。

犠牲者候補の人は過去にあまりにもこだわりすぎる。そして、あまりにも人がよすぎるのだ。だから、加害者がありもしないことに話題を向けてあなたを虐待しても、するがままにされてしまう人がほとんどなのである。

加害者たちが、「ああすべきだった」という手をつかうとき、彼らの関心事は、自分たちの目的を達するために、あなたに、あなたのほうに非があると思わせることである。決して、あなたの過去から何かを学ばせたり、無知を正させるための手助けをすることではない。

そして、いったんあなたに「自分のほうが悪かった。バカだった」と思い込ませてしまえば、そのことで彼らの手をわずらわせることはなくなる。何も手助けすることはないと、あなたに信じさせるのは容易なことなのである。

こうして、「残念だけど、今となっては私にはどうすることもできない。あのとき、ああしていればよかったのに」と、しらをきられることになる。

もし、あなたが、自分の考えよりも彼らの言うことのほうが正しい、と信じてしまえばどうなるか。巧妙にしかけられた罠に気づかなければ、たとえそれが意志に反するとしても、みじめな犠牲者になってしまうのだ。

自分に落ち度があると無意識に思っている人に罰を与えることほど容易なことはない。この「ああすべきだった」ということばを用いる戦術こそ、まさしくあなたに、そう考えるようにしむけるものなのだ。

「ああすべきだった」式の罠を避ける唯一の方法は、この犠牲の儀式に参列しないようにすること——道理をふまえたうえで、今、何をすべきかに焦点を当てることである。

誰かに「ああすべきだったのに」と言われたときには、こう答えればよい。

「あの時点に戻って、あなたの言うようにやれというつもりですか。そういうつもりでなければ、たった今、実際に何ができるのか、話し合ってみませんか」

アーサーの場合のように、どうしても「ああすべきだった」戦法をやめさせることができず、やむなくその上の人と交渉しなければならなくなったのなら、「今日、電気をつないでもらおうとしているのだが、係の人が昨日（先週、去年）のことばかり言っている」と、はじめに言って、バカな戦法をやめさせることだ。

「昔のこと」をむし返す人

イギリスの有名な詩人、ジョージ・ノエル・ゴードン（バイロン卿）は、次のように書いている。

「誰も私のために、時計が過ぎた時を打ってくれるようにはできない」

しかし、あなたを犠牲にしようとしている人たちは、間違いなく、過ぎた時を打とうと目論んでいる。過去のことに焦点をあてるという戦術を、手をかえ品をかえ多く繰り出すことによって、あなたを犠牲者にしようとしているのである。

その中で、「ああすべきだった」は、もっとも一般的で威力のある戦術だが、次にあげる七つの言いまわしもまた、過去をむし返す典型的なものである。あなたを犠牲者にするために、あるいはまた、あなたに「罰」を与えるために、いつもつかわれているものなのである。

❍「なぜ、そんなやり方をしたのか」

この言いまわしは、あなたに、過去にしたことの詳細を説明させたり、弁解させたりすることによって、きわめて巧妙に、話題が現在へ移らないようにしている。話題が現在に移ると、あなたに有利になるかもしれないからである。

「なぜ」というマジック・ワードにご用心。このような問いに、あなたがどう答えても、嘲笑され、はねつけられるのがおちである。あなたはますます防御を固めなければならなくなる。そうしなければ、永遠に退却しつづけることになってしまうのである。

❍「私にまず相談してくれればよかったのに」

もしも本当に、あなたが最初にその人に相談していたなら、事態は好転していたかもしれない。けれども、逆に、そうではなかったかもしれないのである。結果が出てしまってから彼が忠告してくれたその同じ忠告を、最初の時点でしてくれたかどうか。きっと言えなかったに違いないのだ。

彼が「相談してくれれば」と言っているのは、この機会に乗じて、あなたをダシにしていいところを見せようとしているにすぎない。それに今となってはもう、彼に最初に相談することなどできないのである。だから、彼がこの陳腐な言いまわしで助け舟を出してきても、それは、単に「彼に相談せずにやってしまった」という罪悪感を植えつけるものでしかない。

そして彼は、自分に都合のいいやり方で、あなたをますます打ちのめしていくだろう。あなたは打ちのめされるにふさわしい、ということを彼が「立証」したも同じだからだ。

❍「でも、いつもこのやり方でうまくいっている！」

この言いまわしの巧妙で卑劣なトリックによれば、過去に「正当と認められた」行動から少しでもはずれれば、あなたは自分が悪かったと反省しなければならないのだ。しかも、他人のみならず、自分自身の権利をも侵したことを認めなければならないのである。

何の権利があって人と違うことをするのか、ととがめられ、今までにしなかったことは何一つしてはいけない、と思い込まされてしまったとしたらどうだろう。すべからく新しい言動には、何がなんでも斧を振りかざさなければならないことになるのだが、あなたはそれでもいいのだろうか。

●「あなたは前はこう言ったのに、なぜ、今は違うことを言うのか」

これは、不滅の論法である。

あなたがかつて言ったことが彼らの意にかなったものならば、たとえそれが何十年前のものであろうとも、彼らはそのことばであなたを縛りつけようとする。状況が変わるに伴いあなたの気持ちが変わっていようが、世界全体がひっくりかえろうが、そうなのだ。

だから、もしあなたが発言とは逆の行動をしようものなら、非道徳的、非良心的といった批難はもちろん、卑怯者とか非倫理的、あるいはもっとひどい中傷を受けることになる。

これらの誹謗《ひぼう》中傷を受け、もしも気持ちが変わってしまって、悪かった、などと思ってしまったらどうなるだろう。今はもう、まったく違った考え方をしているのにもかかわらず、逆戻りして、結局ははじめに口にしたことばにとらわれることになるだろう。そしてもちろん、これは、加害者を楽しませ、図に乗らせることになるのだ。

❍「あんなことをしなければよかった」

これは、過去の過ちをあれこれ考え直しているうちに、結局は現在の自分を傷つけてしまうという、いわゆる「回顧病」である。

この場合、あなたは文字通り、ある何かをどうにかしてしまったことで、自分自身を責めている。逆に、「こうすればよかった」と思うことで犠牲になることもあるのだが、いずれにせよ、これらは愚かなことだ。はっきりしているのは、今からでは過去にしたことは変えられはしないし、過去のことにあれこれ思いをめぐらしてみても、今の瞬間をムダにしているにすぎない、ということである。

❍「おや、昨日もあなたの場合と同じようなことがありましたよ」

これは、サービス業の人たちがよくつかう手である。あなたと似たケースについて話しながら、最終的にはあなたを自分たちの考えに同意するように誘導している。彼らがあなたに投げてよこすバカげた話を、黙って受け入れるべきだというのである。そして「昨日」も、この考えを認めさせて、誰かを犠牲にしているのだ。

○「いったい誰の責任か」

道を間違えてしまったとき、やろうと思えば誰でも、具体的な対応をしないで済ませることができる。道を間違えてしまったところまでさかのぼり、間違いに関係した人々に責任を問えばいい。

だが、過ぎ去ったことの責任追及は、給料査定の目的で行なう以外は時間のムダである。ハービーが四〇パーセントの過失で、マイケルが三五パーセント、残りの二五パーセントは四分される――こんなことが判明したからといって、何だというのだ。型通りのあら探しにへばりつくなど、人生の楽しい部分を浪費するだけだ。過ぎ去ったことに対する責任を分配して、そのことに対する罪悪感を割り当てているうちに、人生を浪費してしまう。

過去をタテに攻撃してくる人への「切り返し法」

次にあげるのは、上が相手を犠牲にする人の前述の七つの言いまわし。下は、それぞれに対応する、相手を犠牲にしない人が言うであろうことばである。

〈相手を犠牲にする人〉

●なぜ、そんなことをしたのか
●私に最初に相談してくれればよかったのに
●私たちは、いつも、このやり方で成功している
●前はこう言ったのに、なぜ、今は違うと言うのか
●あんなことをしなければよかった
●おや、昨日もあなたの場合と同じようなことがありました
●いったい誰の責任か

〈相手を犠牲にしない人〉

●それをしたことで何が学べたか
●これからは、私に最初に相談してくれれば、きっとうまくいくでしょう
●意見の相違だけれど、私は賛成しがたい
●あなたは、私に違うことを信じさせようとしているが、私には、苦痛だ
●何が悪いかわかったので、もう同じ過ちは繰り返すまい
●何かしてさしあげることがありますか
●将来これを避けるには、どうしたらよいか

上段の「相手を犠牲にする」言いまわしは、あなたを思い通りの人間にしようと、まずあなたの親戚がつかうはずだ。あなたの家族もまた、つかうだろう。この文句は、家族がこれからあなたに与えようとしている懲罰を正当化し、また、反抗的な家族構成員であるあなたが、あまり手の届かないところへ行ってしまわないようにするために有効だからである。

その他、有無を言わさずにあなたに金を支払わせようとする商人たちも利用する。犠牲になるまいとするあなたを阻止することで給料をもらっている、店員や案内係も同様である。けれども実は、彼らが心底仕えている会社は、逆に、この戦術のために結局は損するはめになるのだ。

これらの人たちはみな、論争を避けるために、また、現実から逃れるために、この戦術をつかう。あるいはまた、あなたを脅迫するために、あなたを支配し、勝利を得るために、つかおうとする。だから、もしも、あなたがこれから接する人が過去のことに話を持っていこうとするときは要注意だ。その人がどんな人であれ、発言があなたを犠牲にする罠なのかどうかを考えてみることだ。そして、適切に反応できるように心の準備をしておくことだ。

一例をあげてみよう。

数年前、サムはあるセールスマンから債券を買い、それを届けてもらう日を約束した。ところが債券が一週間も遅れて届いた。サムはそれにサインすることを拒否した。すると、電話がかかってきた。大口契約を逃すまいと、担当セールスマンは「サインを拒否することはできない」と、サムを説得にかかった。

なぜ拒否できないのかと尋ねたところ、債券が約束の日に届かなかったときは電話で催促すべきだった、というのである。催促しなかったサムは、サインをしなければならないというのだ。「どうして、電話をしてくれなかったのですか」と、セールスマンは繰り返し言った。

サムの返事はこうだった。

「私に弁解しろとでもおっしゃるのですか。当のあなたが遅れたのに、催促の電話をかけるのがこの私の責任だとでも、本当に思っているのですか」

セールスマンは、すぐにあきらめて、債券の契約はお流れになったのだった。

「過去の自分」に酔っている人、甘えている人の常套句

他人は、あなたの過去のことをあれこれ持ち出して、あなたを思い通りにあやつろうとする。気をつけるに越したことはない。しかしもう一つ、重要なことがある。あなた自身の態度のことだ。自分の過去にこだわりすぎると、自分自身をダメにする可能性があるのだ。

たぶんあなたは、他の多くの人々と同様に、昔からの信条に基づいて、今の生活を送っているのだろう。けれども昔の信条の多くは、もはや現在にはあてはまらないものだ。もしかしたら、あなたはそのことに気づいて、過去にとらわれて生活している自分自身を感じているのだが、それを捨てて、新しく出発する気になれないでいるのかもしれない。

自分の人生において、過去の影響というものを考えるとき、心しなければならないことがある。それは、現在の感情、行動はもちろん、失敗でさえも、誰か他の人の責任によるものだと思いつめ、考えないことである。もしも、今の苦境の責任を、両親や祖父母、あるいは時代のせいにしているのなら、次の短い文章を覚えておいてほしい。

「今の自分がこうであるのは、過去が悪かったためだ。その過去はもう変えられないとしたら、私は今、この瞬間を生きるように運命づけられているのだ」

今日という日は、常にまったく新しい体験である。そしてあなたは、「過去の覚えている限りの不愉快なことを放り出し、この瞬間を楽しいものにする」と、たった今、心を決めることができるはずだ。

何を忘れるか、何を記憶にとどめるか

偉大な思想家たちは、自分に有益な経験や歴史は別として、過去の出来事など忘れてしまうものだ。そして完全に現在を生き、より昂揚《こうよう》する未来に目を向けている。彼らは決して、「今までこうしてきたから、それを変えることはできない」などとは言わない。過去から学びとることはしても、そこに安住はしないからである。

シェークスピアは、数々の戯曲の中で、自分の過去に取り憑《つ》かれることの愚かさについて触れている。ある箇所で、彼はこう諭《さと》している。

「過ぎ去ったこと、どうしようもないことは、悲しんでもどうにもならないことである」

「なおらないものは、気にすべきではない。やってしまったことは、やってしまったことだ」

人生を生きるのに、何かを忘れ去る技術は欠かせないものの一つだ。あなたは恐ろしい記憶を脳裏に大切にしまい込んではいないだろうか。そのようなものは、呼び戻す価値のまったくないものだ。何を記憶にとどめておくかを決めるのは、あなた自身である。だから、そんな価値のないものを覚えておこうとするのはよしなさい。自分を窮屈にするような思い出は捨て去ること。

そしてもっとも重要なのは、自分のできる範囲のことをやっただけの人を、責めたり憎んだりしないことだ。もしも本当に、彼らのあなたに対する扱いがひどいようなら、他人に対してそんなひどい扱いをするものではない、ということをあなたが学びとればよい。そして、心の中で彼らを許してやるのだ。

彼らを許すことができなければ、一生傷つけられつづけることを自ら選択したことになる。そしてあなたはますます犠牲になるだけなのだ。

過去のことを水に流さない場合も、苦しむのはあなただ。強調して言うが、苦しむのは、あなた一人だけなのだ。あなたを犠牲にするだけのこのような過去に、これ以上とらわれつづける必要がどこにあるだろうか。

4

「自分は自分」と賢く割り切る

"自分の顔"をしっかりつくる

あなたを犠牲者にしようとする罠は、あなたを"他人と比較する"ところにも潜んでいる。この罠から逃れるための第一歩は、あなたは一人しかいないということを認識し、どこに行くにもそれを忘れないことである。

昔の格言にいわく、「どこへ行こうとも、そこに私がいる」。

心の底の感情や考え方、あるいは欲求にしても、ほんの少しでもあなたと似かよった人など一人もいない。これがわかれば、何か行動するとき他人の例に頼ろうとしたり、あるいは行動しないでいるときにもまた、人を引き合いに出したりするのが、どれほど根拠のないことであるかがわかるだろう。

この世を構成している人々は、それぞれがユニークな存在だ。しかし、誰もかれも、あまりにも、一風変わった存在に圧倒されすぎるのだ。

ユニークさゆえに偉大になった人は大勢いる。それら歴史的人物を振り返り、彼らを誉《ほ》めたたえるというのはもちろんよくあることだ。

イエス・キリストやソクラテス、ガンジー、トマス・モア、近くではハリー・トルーマンやウィンストン・チャーチルのような人物でさえ、その時代においては、彼らの強烈な個性ゆえに嘲笑されていた。あがめたてまつられるようになったのは、もっと後の、これらの人物を取り沙汰しても心配なくなってからのことなのである。

学校では画一化という道具をつかって、「平均」を追い求めようとする。平均的なものこそが神聖なことだというわけだ。フレデリック・クレインもかつて、「凡人は画一化された中に安らぎを見出す」と言っている。

だがあなたは、断乎としてそのようなことをしてはならない。他の人々と同じようにしなければならない、とどれほど圧力をかけられても、またうんざりするほどくどくど注意をされても、拒否するのだ。あなたは、あなた独自に知覚し、考え、感じることができるはずだ。

なぜ、人々は外面的なことであなたにとやかく言うのか。彼らはあなたの行動を支配し、権力を振りかざしたいためにそうしているのである。それがわかったのなら、この種のことで陥る犠牲には、終止符を打てるはずだ。

「ユニークな自分」には〝孤独〟はつきもの

自分はこの世でただ一人のユニークな存在である、と認識すると同時に、自分は常に一人ぼっちであることも認めなければならない。そう、あなたは孤独なのである。たとえ何万という人間に囲まれていようが、また、誰かと愛し合っていようが、あるいはまた、部屋に一人でいようがどうしようが、あなたが感じたように感じてくれる人などいないのだ。

この避けることのできない「孤独」というのはつまり、あなたという人間の存在そのものが、孤独であることを余儀なくさせるということだ。あなたの感情と思考が、あなた固有なものであるがゆえに、孤独なのである。

このような存在としての孤独感を認識するとき、受け止め方次第では、それはあなたを非常に自由にもするし、また奴隷のようにもする。いずれにせよ、孤独は変えがたい事実だ。しかし、私が患者を勇気づけてそうさせてきたように、あなたも、孤独であることをうまく生かして自由な生活を送る決心はできる。

ラルフの例を見てみよう。彼は四十六歳の会社役員なのだが、数年前に私のところへ相談にきたのである。

ラルフが孤独感に直面したのは、突然のことだった。彼はある晩、居間にすわって妻を見ていたときのことを説明してくれた。妻は新聞を読むのに夢中で、そのとき彼の頭の中である考えが渦巻いていることに気づこうともしなかったという。

急に彼は、不気味さを感じた。二四年間もともに暮らしてきたはずの妻が、自分のことを知りもしない人間に思えた。まったく見知らぬ人間が彼の居間にいるように感じたのだった。彼はそのときはじめて、妻といえども自分の個人的な内なる心の動きを決して知り得ない、ということを悟ったのである。

ラルフは恐怖を感じた。どうしてよいのか途方にくれて相談しにきたのだった。カウンセリングのはじめのうちは、彼はこの事態に対して、たとえば離婚するとか、逃げ出すとか、とにかく何かしなければならないと考えていた。

しかし、人間である限りつきまとうこの根本的な真実と取り組んでいくうちに、ラルフはそれまでとはまったく違った見方で――自由な見方とでも言おうか――自分の根本的な孤独感を受け止めるようになった。妻は、彼が感じているのと同じように感じることは決してできない。だから、妻が自分を理解し、「一心同体」であることを常に期待するのはやめなければならない、と思うようになった。

そして、彼の妻もまた孤独な存在であることを知り、彼は肩の荷を下ろすことができた。ラルフはそれまで、たえず妻を理解しようと努めてきた。彼女の感じていることを、同じように感じようと努力してきた。しかしこれからは、理解できないからといってむやみに罪悪感など感じることはないのである。

この洞察力を身につけたおかげで、自分が感じるように他人にも感じてほしいという、誤った、自分勝手な欲求を断ち切り、自分の糸を自分自身であやつれるようになった。ラルフは妻への無意味な期待を捨てることによって、妻への重荷もなくすことができたのだ。まもなくラルフは、自分がまるで生まれ変わったかのような気持ちになった。自分自身にとって、絶対無二の自分の身体と心とを、誰かと分かち合おうなどといったバカげた努力から解放されたからである。

「誰も自分を理解してくれない」とつぶやいていただけなら、ラルフは彼の実存的孤独感を不幸に変えてしまっていただろう。事実、彼はカウンセリングを受けにくるまでは、妻が自分を「理解してくれない」とひどくこぼしていた。そして、妻が「見知らぬ人」であるという、あのときの突然のひらめきは、彼の状態をさらに悪化させ、事態を絶望的にするばかりだった。だが、何についても、可能性を持っていることを知るのは大切なことだ。

私と一緒にその孤独を検討していくうちに、ラルフは、自分以外の人間に心の底まで理解してもらおうとするのは愚かなことなのだと悟った。人間は多くのものを分かち合うことで、互いに近づくことができる。けれども、本当は相手の表面しか知ることができない、それがわかったのである。

各人はそれぞれ人間性を持っているという、まさにそのために、各人の心の奥は厳重なる「立入禁止区域」なのである。

「自分自身の満足感」こそ確かなものさし

しかし、「自分と他人とは一心同体にはなり得ない」ということを理解するようになってもなお、私たちは自分と他人とを比較するという罠にすぐにはまってしまう。この事実と闘っていかねばならない。

実際、これは、しっかりと抵抗する人は別として、ほとんどの人を苦しめる普遍的な病である。私たちは、常に周りを見わたすように世間から教えられてきた。そのため、行動の手がかりを見つけるために「比較観察」を行なう。そうして判断のほとんどを決定しているのである。

人は自分が利口なのかどうかを、どのようにして判断するのだろうか。他人と自分とを比較して決めるのである。自分が落ち着いているかどうか、魅力的か、また、価値ある人物なのか、幸福か、成功しているか、物事をやり遂げているか……。周りの人がどうであるかを調べ、それと比較して、自分がどれくらいの目盛りの位置にいるかを判断しているはずである。

このような「一般平均」で計る以外に、自分を評価する方法がわからないのではないだろうか。だが実際のところは、自分を計るもっと大切なバロメーターの存在を忘れているだけなのだ。それは、あなたの今の生き方に対する、自分自身の満足感である。そして、自分の満足感を主張するのに、周りなど見わたす必要はないのだ。

では、どうやって自分の生き方が賢明であると思えるのか。それには、自ら「自分は賢明である」と言えばいい。自分が賢明であると認識するから賢明なのであり、自分のやりたいように行動できるから賢明な生き方なのである。

では、あなたは魅力的だろうか。あなた自身の基準に合わせてみれば、充分に魅力的なはずである。他人の魅力に対する基準をわざわざ受け入れてそれに従い、結局は犠牲になる必要がどこにあるだろうか。そんなふうに犠牲になることを自ら決めてしまう前に、自分自身の判断基準を持つ必要がある。

他人と自分とを比較してしまう〝自己比較のゲーム〟は、いわば致命的なものである。このゲームでは、あなたの自己主張がたえずあなた以外の誰かの考えに支配されている。逆にあなたがその何ものかを支配することはまずない。そのため、このゲームはあなたの心の安定を奪いとってしまう。そうして、あなたは自分がどのように評価されているのか見当もつかないという状態になる。

たしかに、自分を他人と比較するのは、孤立するという危険を排除してくれるという意味では魅力的である。そして、他人と比較して彼らのようになろうとすれば、表面的に彼らの「同意」を得たような、うわべだけの一体感を持てたような気になれる。

だがこのような生き方をしていると、あなたはきっと、はなはだしく自分を見失い、無気力な犠牲者になってしまうことだろう。

本当は、たぶんあなたは、他人とは「違った」何かをしてみたいと心の中では夢見ているはずだ。新しい着こなしをしてみる、あるいは、年上か年下の人とデートをする、など。ちょっと「普通ではない」、変わったことをしてみたいと考えているはずなのだ。けれども、周囲を見わたして、そんなことをする人が一人もいないと知った途端、あなたは、〝他人と比較して何もできない〟という罠に陥ってしまうのだ。

周囲のことなど何も知らずに、偶然、他の人たちがやっている通りにやっているのならば、もちろん何の問題もない。けれども、自分のやるべきことを決めるときに、他人の目を気にしなければならないとしたら、あなたは確実に〝自己比較のゲーム〟の罠にかかっている。

繰り返すけれども、なにも、犠牲者になるのを拒否するためだけに、あるいはそのことを立証するためだけに、「規格外人間」になれと言っているのではないし、その必要もまったくない。このような人も、実は犠牲者だからだ。みんなが従っているのを見て、意図的にそれと正反対の行動をとるような「自己強制的」規格外人間もまた、「規格人間」と同様に犠牲者になっているのである。

自分のやりたいことをやろうと決断するときは、自分自身の心の中にある「常識」をつかいなさい。他の誰とも似かよっている必要などない。あなたは固有な存在であり、ユニークな存在なのだ。たとえどんなに望んでも、もともと、すべての他人と同一になることなど不可能なのである。

自己比較による犠牲の迷路から確実に抜け出すための第一歩は、まず比較用語をつかっている自分に気づき、それをすぐにやめることだ。つまり、一人で考え事をしているときにも、あるいは他の人と接しているときにも、比較用語をつかう悪い習慣を抑えるために、実践的な処置をとるということだ。

「変にものわかりのいい人」にならない

自分を他人と比較するという非生産的な習慣をやめ、自分の人生を内面的に高めていくのは、ある意味ではたやすいことである。それよりも、他人があなたを誰かと比較するのをやめさせるほうがむずかしい。彼らは、あなたの頭上に絶え間なく比較という爆弾を投下してくる。

このようなやり方で、人より優位に立とうとする典型的な人間が、世の店員たちだ。彼らこそが、この悪癖のもっとも強い連中なのである。１章の融通のきかない店員（人格ではなく役割として）を思い出していただきたい。店員というものは、雇い主の方針を客に強制することで、給料をもらっている。

彼らは、「あのご婦人をごらんください。何の文句も言っていませんよ」とか、「みんな同じ扱いにしています」などと言うのを、まるで第二の天性であるかのように思っている。とはいえ、このような戦術をつかうのは決して店員たちだけではないということも覚えておいてほしいのだが。

さて、店員たちがどんなに他人との比較をしたがるかは、次の例をみればよくわかる。あわせて、この店員たちの本性を見抜いた私の知人が、有効な戦術をつかって比較の犠牲になるのを免れたのもみてもらいたい。

たとえばパンケーキ屋の女店員の場合だ。チャックがあるパンケーキ屋に入ると、客のいない店内を素通りして、出口の前に置いてある小さなテーブルに案内された。椅子は堅く、ドアの取っ手が背中にぶつかり、すきま風でパンケーキが冷えそうだった。

彼は、さきほど通りすぎてきた店内の空席のほうに移りたいとウエートレスに告げた。すると彼女は、あちらの席は二人以上の客のためのものだという。それでも彼は、別の席に移りたいと主張しつづけた。そこで彼女は次のように言ったのである。

「当店の方針なのです、お客さま。他の方はみんな従ってくださっています。あそこの男性をごらんください。文句一つおっしゃいません」

彼女の言う通りなのだ。別のドアの前で冷えたパンケーキをふるえながら食べている男は、文句一つ言っていなかった。

でも、「だから何だというのだ」とチャックは尋ねた。

「私も文句を言っているつもりはない。金を払って食事をするなら、気持ちのよいテーブルで食べたいと言っているだけだ。これがそれほどむずかしいことなら、マネージャーに会わせてくれ」

「ただ今おりません」

「それでは聞くが、空いている席があるのに、なぜ私が不愉快な思いをしなければならないのか」

チャックは、怒って店を出ることはしたくなかった。そうすればもっとひどい犠牲者になってしまう。彼は空腹だったうえに、別の場所へ車で移動する時間もなかった。また、ウエートレスの手を押しのけて別の席に移れば、きっと彼女が醜態を演じるはめになるだろうから、それもしたくなかった。

そこで、彼女にはもうチップをやる気もなくなっていたので、わざとある演技をして、ちょっとこの事態を楽しんでみることにした。

彼は彼女に自分の言い分を聞いてくれるように頼みつづけ、彼女の態度がますます横柄になるや、ケイレンを起こしたふりをしたのである。彼の腕は制御できないかのようにふるえ、顔面がひきつった。

「どうかなさいましたか、お客さま」

ウエートレスはすぐさま、それまでの防御態勢を崩したのだ。

「わからない」とチャックはとぎれとぎれに答えた。

そして「こういうことが起こると狂いそうになるんだ」と、もっと目立つように少し大きな声を出したのである。

ここにいたって、奇蹟的なことにマネージャーがあらわれた。

「何てことだ、アリス。お客さまをお席にすわらせてさしあげなさい」

チャックの訓練はこうして終わった。彼は、このような場合にどう行動すればいいのかを練習したのだ。こうして彼は、誰も傷つけずに暖かいパンケーキを心地よい席でおいしく食べることができたのである。

店を出るとき彼は、ウエートレスに軽くウインクし、もちろんチップはやらなかった。彼女が再び犠牲者を出してしまわないようにするためである。

「しなくていい我慢・見逃していい例外」

あなたを犠牲にしようとする人たちが好んでつかう手の一つに、「先週いらしたご婦人」というのがある。もちろん、ご婦人に限っているわけではなく、この部分を、「男性」あるいは「カップル」「みなさま」などに変えてもいい。だがどういうわけか、「ご婦人」がつかわれる場合が一番多いのである。

たとえば、伝票の金額について問いただすと、二倍も払うはめになったご婦人の話をされ、それに比べれば安くすんであなたは幸運だ、などと言われる。あるいはまた、ナイトクラブでいい席がとれない場合には、トイレ近くの隅の席にすわらされながらもショーを楽しんだ、という婦人の話が出てくる。同様に、頼んだ品物が二週間も遅れて届いたときには、四カ月も待たされたご婦人が登場するのである。

いずれも、ただ丁重に扱ってもらいたいと要求しているだけである。けれども、もし彼らが、丁重に扱わないことは悪いことだと別段感じていなければ、必ずや彼らの小さな犠牲袋の中から〝あわれなご婦人〟が引っぱり出されてくる。あわれな彼女たちの例が出されたときには気をつけることだ。巧妙な話を聞かされて、犠牲の薬を飲まされるはめになりかねないからである。

あるいはひょっとすると、あなた自身が店員であったり、他の人を犠牲にする立場にいたりするかもしれない。守る必要のない職場の規則をむりやり押し通して、他人を犠牲にしなければならないなど。

このような立場の場合、道理に適った例外を認めようとすると、逆に同僚ににらまれ、今度は自分自身が犠牲になっていることに気づかざるを得ない。そうして、しだいにあなたはいつもこう嘆くようになる。こんな例外を認めようものなら職を奪われたり、何か恐ろしいことが起きたりするに違いない、と。

もちろん、こんなことはあり得ないデタラメである。過去から今にいたるまでずっと、加害者という名の悪者どもが利用してきた逃げ口上にすぎないのである。

規則などというものを、大声をあげ、ヒステリックになってまで守らせる必要はさらさらない。特殊なケースで適用できないというのなら、黙って見逃せばいいのである。どんなときに融通をきかすかで、あなたの「常識」がどの程度なのかがわかる。

もちろん、規則を見逃すことを大っぴらに言いふらす必要はない。ただ、どの規則を守らせるときにも常に自分の人間的価値を賭けてやる、などといった大袈裟な考えはやめることだ。そうすれば、少々大目に見るくらいは容易なことだと気づくだろう。

他人を徹底的に犠牲にするような、そんな規則を押し通している自分に嫌気がさしたなら、こう自問してみればいい。どうして自分独自の価値観よりも、こんな仕事のほうを重要視するのか、と。

他人を犠牲にしてストレスを発散する人

エマソンが今日も生きていたなら、世に多くいる比較の名人や規則を押し通す人に対して、繰り返しこう言うだろう。

「個々の人間性にはそれぞれの美しさがあり……人にはそれぞれの考え方がある――真の人間は決して規則を求めたりはしない」

もし、常習的な加害者がこの理論を自分自身の生活にあてはめるようになれば、たぶん「規則の無理強い」はしなくなるだろう。

私はなにも、店員として働いている人は、自分自身に素直になれないと言っているわけではない。しかし、店員という仕事は他人を犠牲にすることが多く、またそれを要求される仕事でもある。だからどんな「規則」であれ、それを他人に押しつけることで自分のエゴを満足させたがっている人にとっては、魅力的に映るのだ。こういう人たちの多くは一生店員をやりつづけるのである。

ただ、そうではない店員も大勢いる。彼らは、経験や金を得るためだけに店員として働いている。だから、他人を犠牲にしかねない規則を押し通すことと、自分の価値とを同一視したりはしない。彼らは自分というものをしっかりと持っていて、自分がもっともだと思えばその考え方を取り入れることもできる。

だから、あなたがもし生活のために店員をしているのなら、これを忘れないでほしい。どのような店員になるかは、あなた次第ということである。

最近私は、交通量の多い交差点で、通学中の生徒を横断させる男をずっと見ていたことがある。じきに気づいたのだが、この男は、わざわざ車が混んでくるのを待ってから子供たちを横断させるのが好きなのだ。道が空いているときには子供を渡らせないため、歩道には子供たちがあふれんばかりになってしまう。そして車がやってくると、彼はおもむろに道のまん中に出ていき、自分の権力を行使して車を止め、子供たちを渡らせるのである。

彼は典型的な役人タイプの人間である。どれくらい他人を支配できるかで自分の人間としての価値を計るのだ。彼は明らかに、不必要に車を止めてドライバーを犠牲にしている。子供たちも犠牲にしている。けれどもたぶんこれが、この男の人生で他人に力をふるうことのできる唯一の方法なのだろう。被害というようなものはほとんどないけれども、これはわかりやすい実例だと思う。

権力を行使することで自分の価値を認めようとする人は、そのためならどんなことでもしかねない。あなたや他の誰に対してでも、権力行使の習慣のためなら、何でもやる。

もしもあなたが、この男に向かって、「君は、車も通っていなくて子供をラクに横断させられるときに足止めしている。そのために、人に余計な迷惑をかけているではないか」などと指摘したら、彼はきっとこう答えるに違いない。

「みんなちゃんと車を止めてくれるし、誰も文句など言わない。どうしたというんだ。お前さん、子供が嫌いなのかい」

他の場合と同様この場合も、他人のことに話をすりかえたり、理屈に合わぬことを言ったりして、意識的にあるいは無意識に自分の行動による被害から焦点をそらすのだ。そして、あなたを自分の犠牲者にしておこうとするのである。

〝聖域〟に土足で踏み込む「ことば」のトリック

あなたを犠牲にしてしまおうとするときによくつかわれる言いまわしを、もう少しあげてみよう。他人の例をことさらにあげつらうことによって、あなたの「聖域」を乱し、あなたの目的を達成させないようにするものだ。

❍「なぜもっと……のようにしないのか」

これは、「模範生」のするように行動していないと非難することによって、あなたに自己嫌悪を起こさせようとする言いまわしだ。犠牲者にしようとする招待状のようなもので、権威を持つ者がその従属者、たとえば雇用人や子供などにつかうとき、とくに効果的である。

❍「あなた以外は誰も文句を言っていない！」

このフレーズは、臆病で自分の権利を主張できない人たちと同じ状態にあなたをおこうとするものだ。「他の人たち全員」の中にあなたを加えたい人がつかう戦法である。

❍「世の中の人すべてがあなたと同じように行動したらどうなるか」

あなたが自分の権利を主張すると、加害者たちは、あなたは世間の秩序を乱していると非難する。こうしてあなたに羞恥心《しゅうち》を抱かせようとするのだ。当然わかると思うが、世の中すべての人が自分を押し通そうとすることはない。たとえそうだとしても、この世がもっと住みやすくなるだけだろう。なぜなら、少なくとも、「世の中の人すべてが……」などという曖昧模糊《あいまいもこ》とした道徳を乱用して他人を抑えつけようとする人がいなくなるだろうから。

❍「今あるもので満足すべきだ」

この巧妙で卑劣な言いまわしは、たいていの場合、「あなたのお祖父さん、お祖母さんの時代は何もなかった」とか「アフリカには餓死寸前の子供たちがいる」ということばと一緒につかわれる。そして、あなたが自分にふさわしいと思ったものを要求したことに罪悪感を覚えるようにしむけるのだ。何も持っていなかった過去や、不幸な現在の人々がいることを、あなた自身の満足度の基準にしてしまおうとするのである。

この基準に従えば、過去に今のあなたとはまったく違う状況にあって苦労した人がいたり、また現在に個人的望みなど出せないほど苦労している人がいれば、あなた個人もまた、自分の要求を主張してはいけないことになる。

過去や他の不幸な状況など関係のないことなのだ。もしもあなたが、このような論理にだまされて、あなたとは何の関係もないことで罪悪感を持ってしまったらどうなるだろう。あなたには、お祖父さんやお祖母さんが持っていなかったものや、アフリカの人々が持っていないものはみんな、持つ権利がないことになってしまうではないか。そんなバカげたことを証明してしまうことになるのである。

❍「そんなに大騒ぎをして世間を騒がせないでくれ！」

これは、人に自己主張させず、自己を喪失した人間のように行動させようとしてつかわれる戦法だ。こう言われれば、世間に対して公然と対決することができなくなるからである。とくに若者たちに、周りの人の考えを自分の考えよりも重要視することを教えるときにつかわれる。これによって若者は自信を喪失し、自尊心も希薄になり、結局は精神療法を探し求めるようになるのである。

❍「なぜ、お兄さんやお姉さんのようになれないのか」

これまでことあるごとに誰かと比較されてきたために、大人になってもその迷惑をこうむっているというケースである。他のどんなケースよりも多いのが、兄弟姉妹との比較である。他の家族と常に同じようになることを求められれば、子供は個性や自尊心を育てることができない。人はそれぞれにユニークであり、それなりに扱われるべきなのだから。

❍「みんなこうしたがっている。このようにみんながしている」

このみんなという摩訶《まか》不思議なことばには気をつけたほうがよい。あたかも、全能なる権威によって、あなたの生き方はすでに指定されてしまっているかの如き印象を与えたいときにつかわれる。あなたに話している当の本人が、いったいみんなとは誰なのかを言うことができないのなら、みんななどどこにも存在しないのだ。それに第一、みんなの規則に従って生きるなど、どだいバカげたことである。

「他人との比較」に泣き寝入りしない実践テクニック

他人との比較という方法を用いて、あなたの目的達成を妨げようとする人や、あるいは、あなたを思い通りに動かそうとする人などと接する場合に、頭に入れておかなければならないいくつかのテクニックを列記してみよう。

その前に確認しておきたいことがある。以前に犠牲にした人のことを持ち出して、あなたもそれに従わせようとする――この種の比較は、あなたの人間性には何のかかわりもない。彼らは誰に対しても同じようにするのである。

だから、間違ってもカッカとしてはならない。心を落ち着けて対処することが、あなたを犠牲にしようとするこれらの屈辱的な試みを、着実に避ける第一歩となるのである。

1「他人と私は何の関係もない」と告げる

したくもないことをさせられそうなとき、その理由として他の人の例が出されたら、「先週来た客のことなど私が気にすると思いますか」とか、あるいは「あなたが他の人をどう扱ったのかを、なぜこの私が聞かされなければならないのですか」と、問いただしてごらんなさい。

あなたが何も言わなければ、どんどんひどいことをさせてやろうと、彼らは目論んでいるのだ。恐ろしがってこういう質問を避けてはならない。

あなたに対抗するために再び他人の話を持ち出してきたら、その場でさえぎるようにしなさい。ただこう言えばよい。

「ちょっと待ってください。私はよその人たちと何の関係もありません」

このような単刀直入な言い方に慣れておらず、内心はびくびくものでも、何としてもこの方法をつかうことだ。何度か試しているうちに、そうむずかしくもないと気づくはずである。そして、あなたが彼ら加害者と本気で対決するつもりだということがわかれば、彼らはムダな努力をしなくなる。

忘れないでほしいのだが、加害者たちは、自分たちのしている方法が有効だからつかっているにすぎない。効き目がなくなってしまえば、もう同じことをやろうとはしないのである。

2 「あなたは私が他人のようになるべきと思っているのか」と問いただす

「あなた」ではじまる文章をつかえるように訓練しておくことである。そして比較されていると思ったら、「あなたは、私がもっとサリーのようになるべきだと思っているのですか」とか、「あなたは、私が他の人たちと同じようにすべきだと思っているのですか」と問いただすのだ。

話を「あなた」ではじめることによって、こちらはその比較の試みを受け入れていないということ、そして相手のたくらみに充分気づいているということを伝えることができる。相手がそんなことを思っているなんて信じられない、といった当惑の感じを込めて、これらの言いまわしをつかうといいだろう。

3 「無視」という返事をする

他人についての話など無視してしまう練習をしておくこと。どんな手段をつかっても比較をやめさせることができない場合には、ただ何の反応も示さず無視すればよいのだ。この戦術はとくに家族との間では効果がある。他の人たちのようにするべきだと言われても、あなたがそれを無視して沈黙を守れば、彼らもいずれきっとその沈黙の意味に気づく。

なぜ黙っているのかと聞いてきたら、「他人と比較することによって私を支配する、こんなことをやめさせるために、いろんなことをしてきた。けれど、すべてダメだった。だから今度からは無視することに決めたのだ」と言ってやりなさい。しばらくは不機嫌になるかもしれないが、あなたの言いたいこともわかってくれることだろう。

4 こちらも〝比較のお返し〟をする

たとえばこんなふうに言うのである。

「文句一つ言わなかったという先週のご婦人の話をしてくれてよかった。私にも先週、あなたよりも安くやってくれるという職人が見つかったので、そのことを言おうと思っていたものですから」

5 自分は相手の手口をお見通しであるとアピールする

もっと効き目を早くするためには、加害者のやっていることをはっきりと指摘して、自分は相手の意図をお見通しだということを示すことだ。

「あなたが私と他の人とを比較するのは、私が正しいと信じてやろうとしていることを、むりやりあきらめさせようとやっきになっているからです」

このように、ズバリ問題の核心を突くことによって、「犠牲になどならない」というあなたの姿勢を示すことができる。同時に、逃げ口上やさらに無意味な比較をされる代わりに、誠実さを引き出せるのである。

6 いつまでもズルズルつづけず話を打ち切る

店員などが加害者である場合、彼らにあなたを助ける気がなかったり、あるいは、彼らにはもうあなたに助力することなどできないとわかった時点で、交渉はやめることだ。

そのタイミングはすぐにわかる。「みんな」だとか「ご婦人」「規則」などといった基準を持ち出し、あなたもそれにならうようにと彼らが主張するときである。そうと知りながらも会話をつづけようものなら、ますます抜け出しにくくなってしまうだろう。

弁護士だとか税務署員、あるいは医者など、その道の「専門家」と言われる人と話すときにも、もしも自分のほうがよくわかっているなと感じたら、失礼のないようにその場を去りなさい。そして、あなたの質問にちゃんと答えてくれる人、あるいはきちんと助けになってくれる人のところへ行きなさい。

抜け出さなければならない状態だと思いながら、そのままズルズルとつづけてしまうと、良かれ悪しかれ、必ずと言っていいほど他人の意図に従わされ、犠牲にされてしまうのである。

7 「この人と会って何の得があるか」と自問する

心の中で、「私に他の人のようにすべきだなどと言って、いったいどういうつもりなのか」とつぶやくよりも、「何のために私はこの人と会っているのか」と自問してみなさい。この種の独白をすることによって、相手の戦術に気づくことができれば、腹を立てずに済む。自分が何を求めているのかを確認してしまえば、相手のふるまいに気をとられることなく、自分自身の欲求を達成することに専心できるようになるだろう。

8 とりあえず、その場は相手の顔を立ててやる

比較の罠を避けたければ、まず、加害者になる可能性のある相手の狙いを見抜くことで

ある。

「彼は、自分に権力があり、みんなに理解され、大人物で尊敬されていると思いたがっているのではないか」と自問してごらんなさい。もしも相手の「顔を立てる」ことで、相手が得をする道を開けるらしいと見抜ければ、犠牲にならずに済むかもしれないのだ。

たとえば、明らかに自分を重要人物だと思いたがっているホテルの支配人に会ったときには、〝すべてを円滑に運営していくあなたのお仕事は大変ですね〟などと言ってみることだ。これで、あなたのためにも便宜をはかってほしいと伝えることもできる。

また、もしも突発的な出来事やあるいは個人的な用件に関することで、相手方に何かをお願いする絶好のチャンスが訪れたのなら、ついでに、相手がその仕事に就いて何年経つかを聞いてみなさい。相手が新米ならば、年数のわりにすばらしい応対だと言えるし、長年勤めている人になら、さすがだと言える。いずれにしても顔を立ててやることができる。

このようにして、相手をあなたの側につけることができれば、彼らはもっと気持ちよくあなたにサービスするだろうし、あなたを犠牲にしようなどという気もなくなるだろう。

9　「太陽と北風」の心理を活用する

あなたを他人と比較したり、あるいは、関係ないことを引き合いに出したりして、ひっきりなしにあなたの心をあやつろうとする人がいたら、そのことについて、別のときに話し合ってみるのもよい。比較されたりしてカッカしているときではない。何でもないときに、話し合ってみるのである。

比較等々の件について何とかしてほしいと言ってみよう。このような単純明快なことを頼むには、怒ってどなったりわめいたりするよりも、何でもないときのほうがたいていの場合、うまくいくものである。

カッカしているときにいくらやめてくれとわめいても、それは今以上にあなたを「比較」の対象にするだけだ。わめけばわめくだけ、彼らがあなたを支配しているということを身をもって実証する結果になるのである。

10 微笑みを忘れず、驚いて注意を促す

他人と比較してあなたを犠牲にしようというゲームがはじまったなと思ったら、恐れず微笑をもって「驚き」の反応を示せるようにしておきなさい。そして次のように言うのである。

「あなたは、私の知りもしない人と私を比較しました。しかも、あなたの言っていることはたしかにあったと、この場ではっきりと立証できないような人と。もし、その人と同じ

ようにならなければ私と交渉できないと言うのなら、あなたの話しているその人をここに連れてきて、またかつてのように、あなたの思い通りに扱えばよいのです。なぜ、私にそんな話をするのですか。その人の話など私にする必要はないのです」

あるいはまた率直に、「この規則は今の場合には当てはまりませんね」と言うこともできるだろう。

このような警句を告げることによって、あなた自身も気をつけることができる。そして相手を一連の加害者的考えから脱線させ、話し合いが持てるようになるのである。

11　自分がソンをしないよう〝演技〟する

誰かがあなたに犠牲のゲームをしかけてきたと思ったら、恐れず自分自身の役を演じなさい。他のお客さん、あるいは他の人のようになれとしかけてきたら、誰でもいいからあなたがやってみたいと思う人物を演じてみればいいのだ。

そうすれば、どんな人物を演じようとも、あなたは欲するものを得ることができるだろう。「演技」は、あなたの戦術袋の中にある戦法の一つである。普段は楽しみのためにとっておき、ときたまやると、効き目があって面白いものなのだ。

12 自分も〝他人との比較〟グセがついていないかをチェックする

自分がほかならぬ加害者になっていないかどうかを見極めることも大切だ。それを確かめる最善の方法は、何かと比較するようなことを言おうとしている自分に気づいたら、口に出す前にやめてしまうことだ。そうすれば、あなたの周囲にいる人たちが、つられて同じような比較を持ち出してくることもなくなるだろう。

「彼女のように」などと言うのは一切やめなさい。誰かと話をするときには、あの○○はどうのこうのというような、虐《しいた》げられた人の話は避けることだ。また、「私だったらあなたにそんなことはしません」とか、「私はそういうことはしないのに、なぜあなたはするのか」というような言い方もやめなさい。「だって、あなたが私にそうしたのです」と切り返させるチャンスを相手に与えてはならないのだ。あなたが比較することをやめれば、そんな愚かな言い訳など、自然に消えてしまうのである。

13 何か「お手本」にすがって生きるのはやめる

何らかの偶像があるのなら、その偶像は破壊してしまいなさい。あるいはまた、他人の人生を手本にしているなら、それはやめなさい。あなたが自分の人生の主人公になることだ。自分以外の人のようになりたいと思ってはいけない。他人の功績を称賛するのはすばらしいことだ。けれども、あなたは彼らと同様に固有でユニークな存在だということを忘れてはならない。

もしもあなたが、他人のようになりたいと常日頃から考えていたり、彼らの功績をまねしたいと思っているならば、加害者たちは今よりもずっと容易に、あなたの前で他人のことを持ち出すようになる。

14 肩の力を抜いて、気をラクにする

たぶんこれはもっとも重要なことなのだろうが、人とのすべての出会いを、快く、楽しいものにするように心がけることだ。出会いの場を、あなたの人間性のすべてを賭けなければならないような戦場にしてはいけない。

どれだけ自分を発揮できるかを見る余裕、それを楽しむ余裕がほしいものだ。そのような気持ちの余裕を持ち、かつ、出会いのときに自分の価値をすべて賭けてしまったりしなければ、もっとうまく犠牲者という刻印を取り除けるようになる。

けれども逆に、無表情で深刻な面持ちのまま出会いの場に臨み、それがために一生人との出会いで苦労するとしたら、自分自身を犠牲にされる人間として固定してしまうだけである。言い換えれば、あなたが望んで犠牲者になってしまっているということだ。何事に

つけてもあまり入れあげず、リラックスして楽しんでいる人のほうが、何かをするに当たっても効果的にできるものなのだ。

自分のテクニックを披露するボクシングのチャンピオンを見れば、そのことがよくわかる。彼がチャンピオンになれたのは、主として、自分の技術を自然なものにしてしまっているからである。興奮して無理をしたり、「やつをKOしなければならない」という思いに取り憑《つ》かれて固くなったりしなかったからだ。

一般的にも、固くなったり無理したりするときは失敗し、気楽にやったときにはうまくいくものだ。チャンピオンも例外ではないのである。

最後の相談相手は「この人」しかいない

アルバート・アインシュタインは、「偉大な精神は常に凡庸《ぼんよう》な人々からの激しい反対に遭ってきた」と言っている。なんとズバリ真実を突いていることか。

あなたが、自分のすばらしさを生かしきりたい、自分自身の山を登りきりたい、と思うのなら、ほかでもないあなた自身を最初で最後の相談相手にしなければならない。それに代わる選択肢は一つしかない。それは、あなたが出会う文字通りすべての人々の、凡庸なるすべての人々の、激しい反対の声に耳を貸し、結局は犠牲者になってしまうことだ。

ほとんどの人が、常にあなたを他の誰かと比較しようとするだろう。それがあなたを支配するための、そして世の慣習をあなたに押しつけるための武器になるからだ。では、これらをふまえたうえで、「犠牲になるまいとする人間」の姿勢をとるためにはどうすればいいのか。

それは、あなたを他人と比較し、そのことによってあなたを支配しようとする彼らの行為を拒絶する方法を学ぶことである。それは同時に、あなた自身が、常に他人を自分の模範にするのをやめることをも意味するのである。

5

もっと「動ける人」になる

「自分の価値」をどこまで信頼できるか

この章では静かに自己発揮するにはどうすればいいのか、について述べてみたい。自己発揮の意味についてはこれまで詳細にわたって説明してきたが、ここで強調したいのは、静かにということである。

〝静かに自己発揮〟するとはどういうことなのか。つまり、自分の功績を意義あるものと確認するのに、それを他人に言う必要はないということだ。

日常の出来事を人に話すことはよくある。他人に話すのがふさわしい場合もたしかにある。けれども、人に言わなければ、他人に吹聴しなければ満足できないとなると、あなたはりっぱな犠牲者である。自分の語彙《ごい》の中に「しなければならない」ということばをいったん取り入れてしまうと、たえず他人にすがって認められようとしてしまう。

そして、何らかの理由であなたの価値や功績が他人に認められなかったりすると、あなたは挫折し、ついには、彼らによって心の糸を操作されてしまうようになるだろう。

静かに自己発揮するということは、同僚に向かって何度も自分の功績を自慢する必要などないということだ。やむにやまれず自慢してしまったとしても、結局は周りからあの手この手で裏をかかれ、自慢したことに対して仕返しされてしまうだろう。

さて、静かに自己発揮するためのもっとも重要な鍵は、あなたが自分自身をどう感じているかにある。あなたが自分を信頼しているなら、自己自身をよろこばせるだけで充分なはずだ。自己そのものに価値があるからである。

けれども、自尊心が欠けている人の場合、自分を信頼できないので、自分の評価を他人に立証してもらいたがる。ここに問題があるのである。自分以外の人から自分の価値についての確証を得なければならないようになってしまうということは、犠牲者になることを自ら求めているのと同じなのだ。

自信があれば「本当の孤独」を楽しめる

自分の中に自信が芽ばえ、それが育ってくると、孤独というものがそれまで以上に心地よく感じられるようになる。自分の話をとにかくみんなに聞いてもらいたい、などと思わなくなるのだ。

あなたが考え、感じ、口に出し、行動したことのすべてを、あらゆる人に理解してもらいたい、あらゆる人と分かち合いたいと考えることは、あなたを犠牲者にしてしまう。プライバシーというものは、あなたの普段の生活の中でも非常に重要な部分で、しかも、幸福を実感するための必要不可欠なものでもあるのだ。

ことばを換えて言うと、個人的なものを秘めておくことが、他人に左右されないための方法なのである。他人に理解される必要性をことさら感じないようなことについては、秘めておけばいいのだ。

といっても、遁世《とんせい》的生活の方法をここで論じているわけではない。プライバシーを守るというあなた個人の権利を侵害してきたり、あるいはもっとひどい場合には、あなたのプライバシーを否定してあなたを犠牲者にしてしまおうとしたりする人たちに対しては、より警戒せよということである。

ウォールデンの湖畔で二年近くも一人で暮したヘンリー・デイビッド・ソローは、『森の生活』の中で、プライバシーについて次のように書いている。

人によくこう言われる。「あんなところにいると淋しくなって、もっと人気《ひとけ》のあるところに住みたいと思うでしょうね……」。それに対して、私は次のように答えたい衝動にかられる。「ちっとも淋しいなんて感じません。この地球も銀河系の中に一人ポツンとあるのではなかったのでしょうか……」

大部分の時間を一人で過ごすのはむしろ健全なことだと思う。最高の相手と一緒にいるときでさえ、やがては退屈したり、疲れきったりしてしまうからだ。私は一人でいることをこよなく愛する。

私たちはみんなソローその人ではないし、今は彼が生きた時代とは違うけれども、彼のことばは今日もなお真実なのである。

自分自身の満足を得るために、どうして人々の傍らにいる必要があるのだろうか。そのような必要もなければ、彼らに理解してもらう必要もないのだ。

もしもあなたが、彼らに理解してもらいたいといった期待を持ったり、あるいは誰かからそう期待されているのをそのままにしているとしたら、あなたは犠牲者になってしまっている。

プライバシーを守るなどと言って、周りの人間を拒否しているだけではないかと言い張る人もいる。そんなときはとりわけ、自分のプライバシーを主張するのは勇気がいる。しかし、自分の考えや気持ちを彼らに説明しても、それは結局骨折り損なのだ。あなたはただ自分のプライバシーを守る権利を身をもって実践するだけでいい。

こうした態度を頻繁にとれば、あなた自身がどう扱われたいのかを示すことができる。いつまでも説明したり分析したりしていても、犠牲にされているように感じるだけなのだ。そして結局はプライバシーを奪われてしまうのがおちである。

自分を犠牲にしない「スタンス」の取りかた

前章で述べた通り、あなたのことを常に理解してくれる人がいるとはかぎらないし、また、あなたも誰かを常に理解していることはできない。妻、あるいは夫は、あなたの理解できない行動をとり、子供にはいつになってもあきれかえるばかりだ。政治家など、あなたにはまったく信じられないことを発言しつづけるのである。

だから、もしもあなたが、自分の言ったりしたりすることのすべてを人々に理解してもらいたいと思っても、ほとんどの場合、失望に終わるだろう。そればかりでなく、犠牲にもなってしまう。

このような事態に陥るのではなく、人生において静かに自己発揮するにはどうしたらよいのか。考え得る限りの重要なやり方を、ここに少しあげてみよう。

1　〝どうでもいいこと〟は大目に見る

物事は大目に見るようにしなさい。あなたには何ら害を及ぼさないような態度や言動については、とやかく言わないことだ。見ていてイライラするかもしれないが、そのようなことについて、何か言わなければならないなどと思ってはいけない。ただちょっと肩をすくめて忘れてしまうことである。

いやなパーティーなどに出席した場合には、こうささやけばよい。

「この部屋にいる人たちはみんな、洋服で飾り立てて、うわべだけのくだらない話をしなければならないと思っているらしい。私はそのようなことを思っていなくて幸いだ」

くだらなければその場を立ち去ってもよいし、また、話などをせずに一人で楽しみ、自己発揮することもできるのだ。その他何をしてもよいのだが、とにかく、出席者たちの言動について大袈裟に考えたり、騒ぎ立てたりする必要はまったくない。むやみと攻撃的になって、あげくのはてには、自分自身も周囲の人たちも傷つくこともない。

ちょっと肩をすくめて、「だからどうだというのだ」と自問すればいい。そうすればもう完全に、その事態をさばききったことになる。これこそが、本物の自立した人間の証であり、始終自分の居場所をひけらかすことのない人間、つまり、「犠牲になるまいとする人」なのである。

2　不快なことにいちいち過剰反応しない

自分に向けられたいやがらせや、あるいはこの世のさまざまな不快なこと——それらはもう慣れっこになるくらいさまざまあるのだが——とにかく、そのようなことで腹を立てる必要などまったくない。誰かの行動やことばに賛成しかねるときは、無視しなさい。

とくにそれらがあなた自身とは何のかかわりもない場合には、なおさらである。腹を立てたり、カッカしたりすれば、かえって自分自身を犠牲にしてしまう。

あるいは、「何でまたあんなことが言えるのだろう！」とか「私をこんなにカッカとさせる権利など彼にはない」とか、また「非常識な人間と出会うと気分が悪くなる」などと他人の行動にいちいち反応していると、逆に自分自身を犠牲にしてしまう。

つまり、あなたがいやがっている当の本人に、あなたの感情の糸を操作させているということである。こんなことには、ちょっと肩をすくめるか、そっぽを向くだけでいいのだ。

そして、本当にそれほど自分にとって悪いものなのかどうかを自問してごらんなさい。

それでも、どうしても相手の言動や行為を改めさせたいと思うのなら、今度は何としてでも変えさせなければならない。ただその場合も、腹を立てたりカッカしたりしてはいけない。それは犠牲者のとる姿勢だからである。

3 「違い」に目くじらを立てるのではなく〝共通項〟を大切にする

人間関係、とくに結婚生活を徹底的に洗い直さなければ、といった必要性を感じたりすると、自分が考えていたよりもずっとノイローゼ的な行動にでるおそれがある。人間関係を改善しようとすると、お互いの心の動きを理解しようと努力したり、あるいは、感情面で常に一体であることなどを誓ったりしなければならない。そのために、長い会話が要求されることが多いのだ。

これはすばらしいことには違いない。けれども長い会話が日常化して毎日というようなことになってしまえば、逆に苦痛を感じたり、かえって欲求不満になったり、あるいは退屈で仕方がなくなってしまう。一日中外で働いてきて、そのうえ家に帰ってまで人間関係でゴタゴタ苦労したいと思う人がどこにいるだろうか。

お互いを理解することに鈍くなったとか、理解を示す態度がどうも鈍感なものになったなどと分析する前に、自分がいったい人間関係で何を守ろうとしているのかを考え直してほしい。

私がこれまで見てきた人間関係の中でもっとも美しかったのは、相手の一挙手一投足を分析するのではなく、お互いのありのままの姿を認め合う関係である。

十五歳の恋人たちのことを考えてほしい。彼らの関係が美しいのは、未熟だからなのではなく、純粋にお互いのすべてを認めているからだ。彼らが見つめ合うのは、ただただ目の前の人を愛しているからだ。理由を逐一《ちくいち》分析したり、お互いの理解を求め合ったりはしないからだ。

ところが、そんな彼らがいわゆる「成熟」した関係になってしまい、結婚して五年も経てば、次のようなことを言い合う仲になってしまうに違いない。

「なぜあんなことをしたのか」とか「まったく人が変わってしまったみたいだわ！」とか「なぜ私の思う通りにやってくれないの」「いいかどうか私に聞いてくれなかったの」……といった具合である。

こんなときには、「陶酔」と呼ぶような本当の愛とはどんな状態を言うのかを、もう一度考えてごらんなさい。そして、自分は愛している人のありのままの姿をどれだけ受け入れているのかを確かめてみることだ。

義務や「強制」されたものでなければ、互いの考えや感情を分かち合うことは、すばらしいことであるし、私も奨励する。けれども、現代はいろいろな人間関係が分かち合いどころかあまりにも分析されすぎてしまっており、そのため多くのカップルが二人でいることに情熱を感じなくなっているのである。いやむしろ、苦痛しか感じなくなっているのだ。大切なのは、カップルは二人の別個の人間であるということだ。したがって、互いに完全に理解し合うということは不可能だし、また、望むべくもないことなのだ。これが真実である。

だから、互いにありのままの姿を受け入れなさい。そして、自分の人間関係をあれこれ切り刻んで分析し、改善しようと「取り組む」努力などやめることだ。そのような杭を自分に打っておくことである。互いを固有な存在、個性的でユニークな存在にしておくことだ。

そして作家のハリール・ジブラーンの言ったように、「二人が一体になろうとも、その中に空間を持っていなさい」ということである。

4　不毛な論争ほどエネルギーを浪費する

「論じ合うのは愛の証」という古いことわざがある。けれどもその論争が、あなたを犠牲者にするようなものなら、どのような論争であれ真剣に考え直すべきだ。

もしかしたらあなたは、誰かとの論争にまき込まれるなど普通のことで、興奮して血圧が上がり、潰瘍《かいよう》のタネをまき、憤慨してその場を去るのも当たり前、正常な状態と思っているかもしれない。けれどもそれは実のところ、正常どころではなく、自分自身を破滅させ、犠牲者にすることなのである。

論争するのは健全なこと、という考えは捨てなさい。討論しても誰も傷つかないというのなら、活発な論議は楽しいものだろう。しかし、議論好きな人々や、議論しないではいられないような人々と渡り合って、そんなことはあり得ない。

彼らは周りの誰に対しても高飛車な物言いをし、感情を爆発させたりする。だから、彼らの論争にまき込まれた人は誰でも、たいていの場合、犠牲者にされてしまうのである。つまり、あなたを理解していない人と議論しても、その無理解を助長するだけ、ということである。さらにその間違った理解をますます強く確信させかねない。

論争は相手の頑なな心をさらに頑なにするだけなのだ。にもかかわらず、あなたは往々にしてこの種の論争を価値あるものとして弁護しようとする。

自分の立場を理解してもらいたいために議論をすると、ほとんどの場合、あなたは犠牲者で終わるということである。たとえ白熱した議論の末に「勝った」としても、本当に勝ったわけではない。それは、そのときの自分の疲労度を考えればすぐにわかるはずだ。疲れが残るだけなのである。

たしかに、潰瘍や高血圧や、あるいはお望みなら心臓病をもわずらうような、そんなしんどい思いをして、自分が議論の勝利者であることを立証することはできる。しかし、はじめからそんな議論などしなければ、あなたの正気と健康を守ることができるのである。

5 〝上手なウソ〟が人間の幅を広げる

すべての人に自分を理解してもらいたい、あるいはすべての人に認めてもらいたい、と思っているとき、あなたはきっと、嘘をつくまいと、きびしく自分を律していることだろう。でも、そのような「悪い習慣」はやめてしまいなさい。

一度、何がなんでも事実を話す、という習慣のために犠牲になっているのではないかと、考え直してほしい。たとえば、自分がユダヤ人ではないとナチに確信させなければ処刑されてしまうとしたら、たとえ本当にユダヤ人であっても、真実を話す必要などまったくないのである。

このような普通の考え方には、きっと同意していただけると思う。ナチに対するような究極的な場面においては、敵に真実を話す義務などまったくない。というより、彼らをできる限りの方法をつかってだますことは、むしろ正しい行為だと考えられている。

つまりあなたが嘘はいけないと言っているのは、どんな状況にあってもというのではなく、道徳的な場面においてと限定できる。となると、あなたは、嘘をつく根拠をもっとはっきりさせる必要がある。

真実がかえって人を傷つけるとわかっているときでも、嘘をつくのは、果たして正しくないのかどうか。このような場合に、あなたの嘘はいけないという原則（方針）を守るほうが、嘘によって傷つかずに済む相手の立場よりも大切なのかどうか。これらの問いをじっくりと考え、度が過ぎた厳格さが自分自身を犠牲にしていないかどうか、自問してごらんなさい。

私のところへきた六一歳の患者は、有能で熟練した速記者であるにもかかわらず、なかなか就職できないと困っていた。高齢者だからという理由で、誰も採用しようとしない、冷遇されていると、彼女はこぼすのだった。

私が、年齢を若く書いて、自分の速記という武器で差別と闘いなさいと励ますと、彼女はびっくり仰天して、「それでは嘘をつくことになります」と言うのだった。

もちろん、その通りだ。彼女は、この嘘をつかないという原則をずっと守り通してきたのだ。たとえ雇主が法律を無視して理屈に合わない差別をしても（それまでに彼女は七つの会社から断られていた）、彼女は自分の原則に従ってきた。そしてそのために、自分自身を犠牲にしつづけてきたのだ。

結局、彼女は真実というものの幅を広げてみることにした。実際には四五歳ぐらいに見えるのだが、無理せず、面接のときに五五歳と答えて採用されたのである。

採用された彼女は仕事の最前線で能力を発揮し、わずか六カ月で管理職になった。もしも彼女が愚かとも言えるあのタブーを守り通していたのなら、仕事への道を開くチャンスは二度と得られなかっただろう。

なぜ〝他人の承諾〟を得ないと動けないのか

静かに自己発揮をするためには、自分の価値を他人に示す必要などない。あなたが自分自身の価値を僅かでも立証しなければならないということは、とりもなおさず、その相手によって支配されていることを意味する。

子供のころ、プールでの飛び込みや、スケートのバック・スケーティング、あるいは自転車乗りの練習など、これら新鮮な体験はすべて、多くの人たち、とくに両親に見てもらいたいものだった。子供は、何でも自分がすることを、このように端から見てもらう必要がある。

私たちは自分の尊敬する人、あるいは自分にとって重要な存在である「他の人」が、自分の行為にどう反応するかによって、自我を発達させることができるからである。

けれども、今のあなたは、そのような時期にはいないはずだ。あなたはもはや、成長途上にある子供ではないのだ。誰かの注目を浴び、いつも自分自身を主張しなければならないような子供ではなくなっている。ただし、いまだにすべての人々から認めてもらいたいと思っているのなら話は別だが。

すべての人に自分の価値を示すとなると、一生の間には、本当にかなりの数の犠牲を味わわなければならなくなるだろう。周りの人たちがあなたに充分注目してくれないとき、あるいはあなたに反対したり、理解してくれないようなとき、その一つひとつにカッカしなければならないからだ。そして、彼らに理解してもらおうと、ますます奮闘することになる。

結局、そういうあなたの姿を見て、彼らは今までよりも強くあなたを支配できるようになる。私の友人がいい例だ。

彼は、土曜日の午後にはフットボールをする権利が自分にあることを妻に納得してもらおうとした。土曜日に家にいて妻の機嫌をとる義務などない、ということを妻にわかってもらおうと努力したのである。

ところが妻は、せっかく二人で一緒にいられるときに、夫が何を好き好んで汗まみれになって男たちとボール投げなどしなければならないのか、見当もつかなかった。平日にはろくすっぽ会えないのだから、土・日はなおさら二人でいたいと思っているのだった。彼が話せば話すほど、妻が彼を理解していないことが明らかになるだけだった。

まもなく、今度は、妻が自分を理解してくれないことについて不平を言いはじめた。口論の末、結局その日はフットボールをしないことになったのである。その日の午後、二人はひと言も口をきかなかった。

こんなさんざんな日を送ったにもかかわらず、依然として妻は、夫がフットボールをやりたがっていることが理解できないままだったのである。彼は三重の犠牲を払ったことになる。

仲間とフットボールをしたいという彼の願望など妻には絶対に理解できないし、またできなくてもよいのだ。そのことが彼にはわかっていなかった。もしこのことがわかっていたのなら、自分は間違っていないということを、一生懸命になって立証しようとはしなかったはずである。

彼女の理解できないことをやろうとするのは別に間違ったことではない。そんな証明をする必要などなかった。罠にはまることはなかったはずである。

あなたが自分自身の価値を誰かに示さなければならないと感じるというのは、裏を返して言えば、誰かがそうすることを望んでいるということだ。「どうしてそうしたいの」とか「じゃあ証明してくれ」などと言われるのはめずらしくないが、これと同じことなのだ。だから、繰り返すが、誰かに何かを証明する必要があると感じたときには、常に警戒して当たらなければならないのである。

このようなときには、静かに自己を発揮し、心の中で次のように自分自身と相談するとよい。

「この人に何かを立証する必要があるのだろうか。立証したら果たして事態はよくなるのだろうか。今回はとりあえずやめておいて、相手の好きなように解釈させたほうがよさそうだ」

このような自分自身との相談は、初対面の人と話すときにはとくに大切である。まったく面識のない人にまで自分自身の価値を立証するのがいかに愚かなことか、考えたことがあるだろうか。

面識もない人に自分の立場の正当性をわかってもらおうなどとするのは、時間のムダである。このようなことをするのは、たいていの場合は、自分自身を納得させたいからにすぎない。鏡の中の自分自身を聞き手として利用しているだけなのだ。

「いつも不機嫌で憂鬱な人」と賢くつき合うコツ

不機嫌な状態の相手を扱う、もっとも単純かつもっとも正しい方法は、その相手から離れていることである。不人情に聞こえるかもしれないが、実際にはとても役立つ方法なのだ。

あなたには、憂鬱な人間のそばにいて、その人とともに泣かなければならない義務などない。文句ばかり言うような人間と一緒にいることはない。

あるいは、自分に対する扱いが悪いと言って、世間のあら探しばかりするような相手と一緒にいる必要もない。そんな人よりも、幸福そうな顔をした人や、あるいは、成長して人生を楽しもうとしている人たちに囲まれているようにしなさい。

といってももちろん、不幸な人を慰めたり助けたりするのもいいことなのだ。けれども、それ以上に大切なのは、あなたを不幸へと引きずり込みかねない人のもとを去ることだ。

それはあなた自身の責任でもある。とくに、せっかくのあなたの好意が繰り返し拒絶されるようなときは、その人のもとを去ることだ。

悲しみの渦中にある人は、あなたの注意をひくために、あなたに向かって悲しげな顔をしてみたり、いかにも苦しげなしかめっ面をしてみたりするものだ。もしもそれに応じてしまったのなら、あなたがこのような人とのつながりを断ち切りたいと思っていても、かえってつながりを強くしてしまうだけである。

不機嫌な人たちと一緒にいてイライラし、彼らの周りをうろつくことは、彼らにその不機嫌な態度をつづけるように教えているようなものなのだ。

いやなことがあるとすぐに顔をしかめるような人のことなどかまわず、そこを去るというのは、あなたのためにもいいことなのだ。彼らは彼らで、嘆いてばかりいずに立ち上がり、何か建設的なことをするようになるだろうし、あなたにしてみても、彼らに費やす時間をもっと自分のためになることにつかえるからである。

〝腐ったリンゴ〟を持つとその手まで腐る

憂鬱の烙印《らくいん》を押された人は、何事につけて弱気になり、世のあら探しと災難ばかりで一生を終えてしまう。彼らは楽しい話などめったにしないし、よろこびや希望に満ちた未来を夢見ることもない。ただひたすら、最悪の事態だけを考えているのである。

こういう人は、身動きがとれずにすっかりまいってしまったと思い込んでいる。そのため、自分の苦悩ばかりを話し、あなたがせっかく楽しくしようと努力しているのに、それをすべてムダにしてしまう。何を言っても、誰も自分を理解してくれないと叫ぶだけなのだ。

しかも、そうすることで他人に理解されることを断乎として拒否し、結局は他人を犠牲にしているのである。これでは決して自分で人生を楽しむことなどできない。そのような自分を変えるつもりも、さらさらないのだ。

この手の人たちは、若いときから老いるまで一生、自己破滅的な心の構造を持ちつづける。とにかく、この種の人とかかわっていると、結局、世界最大の愚か者になってしまう。あなたを待ち受けているのは、いつ終わるとも知れぬ苦難の道だけなのだ。

彼らにとっては、天気のよい日など存在しない。彼らの口から聞ける最高に明るいことばは、「そのうち雨になるだろう」なのである。

このようなバカげたふるまいが、現実的に今も生き残っているのは、なぜか。これらのことが愚か者たちによって何年もの間、野放しにされ、それどころか助長されてきたからなのである。

あなたは、こんな愚か者の仲間入りをする必要はまったくない。今すぐ彼らから離れるか、はっきりと無視するかなのだ。あるいはまた、次のようなことを言って立ち去るのもよい。

「そのようなひどい子供時代を過ごしてきたにしては、ずいぶんとそのことばかり話したがりますね」とか、「あなたはきっと腹痛がお好きなんでしょう。始終痛がって、そのことばかり話していますからね」などと言ってやるのだ。ただし、あまり嫌味になってはいけない。きりのない不平不満につき合うつもりのないことを相手に知らせるだけでよい。

相手の言うことは、あくまでも温厚な態度で受け入れなければならないのだが、いつまでもぐずぐずと不安を言い募るようなら、その場を去ることだ。そして、去る理由をズバリ言ってやりなさい。あなたは人生を楽しんでいるのであって、不平不満に引きまわされることに関心はないはずだ。

不平不満の悩みから脱出するには、何か没頭できること、興味のあることをするのが一番だ。もしそのような人がそばにいたら、進んで手助けをしてあげなさい。ただ、あなたの誠意が受け入れられなくても、罪悪感を感じる必要はない。また彼らの、できないことについてのあれこれの弁解も聞く必要はない。きっぱり拒否しなさい。

犠牲者の犠牲者になるのではなく、「受け入れる態度をとる対決者」になりなさい。彼ら落胆している人たちは、あなたには彼らと悩みをともにする気がまったくないと知れば、あなたを犠牲にすることをやめる。そして皮肉なことに、彼らの落胆自体も消えはじめるのである。

他人の評価は他人のもの、自分の行動は自分のもの

これからあげる言いまわしは、理解できないということを理由にして、静かな自己発揮を妨げる人がよくつかう、狡猾《こうかつ》で卑劣なものである。このような言い方は、誰かを犠牲にするときによく利用される。

○「なぜ、あなたがそういうことをするのか理解できない」

あなたには、自分のやっていることすべてを他人に理解させる責任があり、そうしない限りはあなたは間違っている、というわけである。

❍「いったいどうして、そんなことができるのか」

話し手は、あなたが進んでやったことに対してカッカしている。そして、自分の理解できないようなことをしたのは許しがたい、とあなたに思わせようとしているのだ。

❍「そんなことは聞いたこともない」

ここでは、前のようなやり方に、信じられないという感情が加えられている。この場合、加害者は、あなたの言動にひどいショックを受けたように装うのだ。そして、あなたのやったことに対して、すべての人（あるいは「彼ら」）が眉をひそめるだろうから、あなたは間違っている、と言っている。したがって、あなたは自分が考えるようにすべきだ、とほのめかすのである。

❍「私がどんなに辛いかわかっているはずだ」

ここでは、あなた以外の人が自分で勝手に気分を悪くしている。なのに、その気持ちを理解しないからという理由だけで、あなたに悪かったと感じさせようとしている。

❍「今は……だというのに、そんなことをやろうとするなんて信じられない」

このような言いまわしをつかえば、あなたがやりたいと思っているジョギングや読書、昼寝などをやめさせることができる。加害者側が計画しているスケジュールに、あなたを従わせるためにつかう戦法だ。

どんなことであれ、あなたが今していることはそれほど悪いことではないはずだ。なのに、これから何をすべきかを決めるに当たって、その優先順位を加害者側が握ってしまっているのだ。だからあなたがやりたいようにやると、相手は混乱し、傷つくと言うのである。これが犠牲のゲームでなくて何であろうか。

また、この言いまわしと同時によくつかわれるのに、「明日まで待てるだろう。今日だけ中止すればいいのだから」というものがある。あなたにはあなた自身のジョギングのスケジュールがあって、一日たりともさぼりたくないなどということは、もちろん相手には関係ない。なぜなら加害者は、あなたがこの点について妥協しないという、まさにその理由を理解できないからである。

❍「あなたは、心で考えていることをちっとも私に言ってくれない」

これは、あなた自身の個人的なことを暴露させようとする試み、プライバシーを守ろうとするあなたの欲求を放棄させようとする作戦なのだ。もしもこの作戦にひっかかり、あなたの個人的な考えを口に出してしまったなら、相手は、そんなことを考える権利などあなたにはないと主張し、あなたを激しく攻撃することだろう。

❍「私のためにやってください」

理解できないといくら弁解してもあなたを思い通りに動かせないとき、加害者たちはへりくだって、今度はこのような嘆願の手をつかう。個人的なお願い、とするわけだ。やってあげれば彼らをよろこばすことになる。あなたはそう考え、やりたくもないことでも、やってあげようという気になってしまうのだ。つまり、やりたくないことでもやってくれるようにと、言われているのである。

❍「あなたは私を傷つけた」

相手はあなたを、申し訳ないという気持ちにさせたいのだ。そして、彼らと同じような気持ちになるように態度を改めなければならない、と思わせたい。あなたを思い通り動かすための「もっともらしい理由」として、このように憤慨する人には注意すべきだ。

❍「謝りなさい」

これは、思ってもみないことを強制的に言わせたり、あるいは追い詰めたりすることで、最終的にあなたの言動を支配してしまおうというやり方である。この時点で、たとえあなたが自分から謝りたいと思っても、すでにそれもできない状況に追いやられている。謝れという相手の要求に屈せずには、謝れなくなっているのだ。

しかし、強制されて謝罪しても、誠意を示すことはできない。だからこの場合の謝罪には何の価値もないのである。このことを頭に入れ、いつでも指摘できるようにしておきなさい。

＊　＊　＊

以上は現代社会において、「理解できない」と言いわたされることによって犠牲者になる、ごく一般的な例の一部である。

これらの例は、私の行なった何千というカウンセリングの中から集めたものだ。これら多くの人々のカウンセリングで、患者たちは、友人や同僚、あるいは近隣者や親戚などといった善意の仮面をつけた人々に虐《しいた》げられ、これらの加害者から非難された話をしてくれた。

次にあげるのは、これら加害者たちの「理解できない」式の砲撃に対して逆襲し、それを阻止するための、とっておきの戦術である。

〝精神的殺人〟を許さない4つの戦術

自分の立場を説明するのがいやになったら、すぐにやめること。あなた個人の言動について、誰にであろうと説明する義務はない。たとえ説明するにしても、それはあなたが決断してやることであって、他人の期待に添うためではない。このことを自分自身にも、またあなた以外の人にも思い出させることである。

自分の立場の説明は、自分で決めて行ない、彼らが求めたからといっても決してしない――このことを一度はっきり示せば、彼らは二度と愚かな要求はしなくなる。ただし、もしもあなたがそのような説明をするのが楽しいのなら、自由な気持ちでやること。少しでも強制されていると感じるなら、あなたの心の糸は他人の不当な要求によってあやつられていることになるからである。

1　いつもみんなに理解される必要はない

自分には自身のことを他人に理解させる責任がある、という考えはおやめなさい。そして、もし誤解されているならば、ときには自分が誤解されているときっぱりと相手に告げるのだ。このようなことは、人間社会においてごく当たり前のことである。

相手が誤解しているからといって、あなた自身やあなたの人間関係に欠陥があるわけではない。だから、理解できないと言われたら、ちょっと肩をすくめて微笑むように心がけなさい。

エマソンの『自信』の中から有名なところを引用してみよう。

「偉大であるということは、誤解されるということである」

2　〝雑音〟にはラジオのスイッチを切る要領で

立場を明確にしてくれ、などとまったく面識のない人に言われた場合には、無視すること。たとえ自分のTシャツに言いたいことを書いてみても、赤の他人はあなたのことなど理解してはくれないのだ。そのことを自分に言い聞かせる訓練をしておくこと。

そうすれば、誤解されても、自分はわかってもらえない人間なのだといった敗北感や、自分が悪いんだといった罪悪感など感じずに済むはずだ。こうした非生産的なことを考えることなく、自由に世間を歩きまわることができる。

ラジオの音がうるさかったり、聞きたくないときには、チューナーを回せば音は消える。それとまったく同じ方法で、赤の他人からのことばの襲撃は、自分の意識から完全に消し去ることができる。必要なときに、静かに、しかも効果的に「チューナーを回せる人間」になりなさい。

3　相手に「あなたの行動」を説明させてみる

あなた自身のことについて説明させようとする要求に、絶対に応えられないと思ったときには、率直に、「あなたは、はたして私のことを理解してくれているのでしょうか」と尋ねてみることだ。「はい」という答えが返ってきたら、あなたの行動について相手がどう解釈しているのかを話してもらい、正しい部分があればそれに同意するようにすればよい。

このようにすれば、行動の責任を、あなたにではなく、むしろ要求してきた相手に担わせることができる。

デリカシーのない人に特効の「この一撃」

静かに自己発揮する別の方法として、自分の手柄や功績を人に発表するのをちょっと延ばしてみる、というのがある。一、二時間から三時間先に延ばしてみて、その時点でなお誰かに話す必要があるかどうかを自問してみるのだ。

これは、相手が聞けばきっとあなたをとても優秀だと思ってしまうような、そんな話をするときにはとくに役に立つ。数時間から数日我慢して待ってしまえば、もはや、自分を勝利者として標榜《ひょうぼう》してみたい気持ちもなくなる。

そして、あなたについてのその情報が、いつの間にかどこからか流れ、日の目を見るころには、あなたは自分の功績を謙虚に受け止める人という印象を与えているのである。自分の功績を吹聴せず、何気なく、しかも冷静に受け止める人、そしてだからこそ、功績にふさわしい人物、と周囲には映るのである。

1　黙って態度で「NO」を示す

よもやま話や自慢話を延々として、あなたを虐げてみたり、あるいは押しの強さであなたを圧倒してしまうようなデリカシーのない相手と一緒にいるときには、断って席を立ち、その場を去るようにしなさい。日ごろからそういう習慣を身につけておくことだ。

レストランのような場所でも、何を言われても何も言わずに「受け入れたまま」でいる、そんな習慣はただちにやめることだ。席を立ち、ちょっと散歩にでも出ればよいのだ。

そうすれば、自分が主導権を握ったことになり、気分もよくなる。また相手に向かって、やっかいな戦術で自分をおとしめるようなことはやめるようにと、身をもって示したことにもなる。それが証拠に、彼らは何も言わずにあなたを見送ってくれるのだ。

2　はっきりと口に出して「NO」と言う

あなたを引きずり下ろそうとする人がいたら、相手のたくらみを公然と口に出してみることだ。何か問題を抱えて悩み苦しんでいる人が、あなたをもその苦しみにまき込んでしまおうとしていると感じたなら、「あなたは、私にも一緒に苦しんでほしいと言っているようですね」と告げるのだ。

悪意を持って言うのではなく、善意からこのようなことを言えば、誰もあなたをまき込もうとはしなくなる。この種のゲームでひっかけるには、あなたは賢明すぎるということを、加害者に示せるからだ。そして相手は、はじめは否定するかもしれないが、結局はあなたの知性と誠実さに尊敬の念を抱くようになるのである。

また、あなたに不平をこぼす人に対して、この一時間はいやなことは聞きたくない、と言いわたすのもよい。会話の時間を計っておいて、いやなことにちょっとでも触れたなら、その場で「約束だったはずだ」と言ってやめさせなさい。

こうすることによって、不平ばかりを言う相手に、それは悪い習慣なのだと思い出させることができる。相手は、自分ではそれほど重症だとは考えていないのだ。だから、気づかせてやれば、その悪癖を克服するように励ますことにもなる。

以上の策をとれば、少なくともいつもの退屈な話を一時間も二時間も、ときにはもうやめてくれと言いたくなるまで聞いていなければならないという状態からは解放されるだろう。

3　相手がレッテルを貼ってきてもムキになってとり合わない

人はあなたに何らかのレッテルを貼りたがるものだが、そのことに腹を立てて怒るのではなく、むしろ当たり前のこととして受け入れるようにしなさい。奇人、変人などと呼ばれても、あなたがまったくとり合わなければ、そのようなレッテルが無意味なこととわかり、ついには消えてしまうのだ。

レッテルを貼られるのを悪いことだと感じたり、あるいは、自分には当てはまらないと言い返したり、憤慨したりしていると、かえってそのレッテル貼りを助長してしまうことになる。

4　あなたの意志をきっぱり「宣告」する

誰かがあなたに腹を立てたり、あるいは、あなたを打ちのめそうとしていると感じたときは、相手の気持ちを確認するという手をつかいなさい。

「あなたが不快に思っているのはわかります。けれども、同じことを繰り返し話されるのは私にとっても不快なことです。ひょっとして私を不快にさせたいのですか」

「あなたの理解できないことを私がやっており、そのためにあなたを失望させてしまったことを、今怒っているのですね」

このようにして、まず彼らの気持ちはわかっていると示すのだ。そして、それを口に出して言うことも恐れないということを彼らに示しなさい。

また、「あなたは自分一人で怒っているんですよ」とか、「あなたは自分で自分の感情を傷つけているようなものですよ」というような表現をつかうのもよい。この種の表現は、憤慨の原因を、当の本人にする。自分が憤慨したのは相手が悪いからではなく、怒ったり傷ついたりしなくてもいいのにそうしている当人の側に責任がある、と言っているのである。

5　「弁解めいたことば」は口にしない

たとえば、ダイエット中のあなたに誰かが「これは食べなきゃダメですよ」と執拗《しつよう》に迫ったり、あるいはあなたの意志を疑うような態度に出たときにはどうするか。躊躇《ちゅうちょ》せずにきっぱりと次のように言いなさい。前者の場合には、「私はダイエット中で何も食べたくない」と。後者の場合は、「これからジョギングに行くところです」と。

弁解めいたことばはいらない。「あなたが気になさらなければよいのですが」とか「申し訳ありませんが」とか、あるいは「気分を悪くなさらないとよいのですが」といった弁解のことばはすべて忘れてしまうこと。

なぜかといえば、これら弁解のことばを吐くことによって、あなたは、その人の気分を害さないようにと、結局は食べるはめになってしまうからだ。意志強固で確信に満ちていることが大切なのだ。そうすれば、あなたの気持ちも尊重されることだろう。

6 「好み」を人に押しつけない、押しつけられない

あなたの友人が、あなたの別の友人を嫌っているからといって残念に思うことはない。そのような愚かなことで悩んでいるようなら、そんな考えは捨てなさい。

この世には、あなたと友人関係になれない人は大勢いるのだ。にもかかわらず、単にあなたの個人的な理由だけでたまたま選んだ友人同士が、またまた友人関係になってくれるなどと、どうして期待するのだろうか。こんなことは、もともと期待できないものなのだ。にもかかわらず、勝手に「仲人」的なことをしておきながら、失敗すると悩んだり、カッカしたりする人は多い。「友情の化学反応」のごく自然な選択法則、つまり、あなたの友人同士がうまくいくとはかぎらないということを、素直に受け入れられないのである。

同様に今度は、あなたの友人が自分の気に入った知人をあなたに紹介し、その人を好きになってほしいと期待してきても、気にすることはない。友人の友人とあなたが友情を深める義務はない。また友人の親類だからといって、あなたが親しくしなければならない理由はない。たとえそうしなくても、もともとの友人との友情関係に泥を塗ることにはならないのだ。

また、たとえば「なんでまた、彼女は彼のことなど好きなのだろう。いやな男だと思うけどね」といった他人の感情的な意見には注意することだ。友人を選ぶにあたっての自分

の好みを、他人に説明する必要はない。もしもこのような個人的なことで、他人の束縛や支配を受けていると感じたなら、他の場合と同じくはっきりとそれを指摘しなさい。

自分の意見を主張することを恐れてはならない。そしてそのためには、あなたが習得できるもっとも静かな自己発揮法をつかうことである。

"正論"が通らないときの効果的な戦術

1　まずは真正面から相手にぶつかってみる

誰かの口車に乗せられて論争にまき込まれ、意に反して犠牲にされそうになったらどうするか。そんなときは、こう言うことだ。

「この件についてはもう議論しないと決めたところです。それでもあなたが論じつづけたいというのなら、一人でやってください。お互いの意見を尊重し合って、穏やかに話し合うか、そうでなければ、私が抜けるかのどちらかです」

あなたの討論の相手は、あまりにもストレートなこの心理的ショック療法に肝をつぶすかもしれない。しかし、たとえあなたがその場をはずすことになるにせよ、これらの不毛な討論は断乎として拒否しなければならない。

2 論理でダメなら〝感情〟に訴える

どんなに論理的に説明しても、〝論敵〟との関係に進展が見られないときには、戦術を転換しなさい。

私の友人のジムはあるとき、彼の車に駐車違反の札を貼ろうとしている婦人警官とやり合わなければならなくなった。彼は違反なのではなく、パーキング・メーターが壊れているのだと指摘したのである。婦人警官もメーターを見て、すぐにそうだと気づいたのだが、今度は、壊れたメーターのある場所は駐車禁止なのだと主張してきた。だから別のところに駐車しなければならない、と言うのだ。

これに対してジムは、

「駐車場は人の役に立つためにあるものだ。だから、たまたまメーターが壊れていたからといって、合法的に駐車してもいい場所を奪われるようなことがあってはならない」

と、きわめて論理的に答えた。彼はこの論理を再三再四繰り返して説明したのだが、彼女の返答は同じだった。彼の話など最初から聞いていないような返事ばかりだった。

やむなくジムは、論理で説き伏せようとするのはやめ、戦術を変えてみた。彼のほうが実際に悪いとしても、大目に見てほしい、そして呼び出し状は撤回してほしいと頼み込んだのである。この態度が、婦人警官のお気に召したのだ。

彼女は、ジムから自分の非を認めることばを引き出したかったのである。ジムに権力を行使するためにはそれが必要だった。だから、彼が「過ち」を見逃してくれるように頼むと、すぐにうなずいて去っていったのである。

ジムにしてみれば、自分の「弁明」を強く主張しつづけてもよかった。しかしそれでは、「論理のための犠牲者」になってしまうだけだったろう。僅か十ドルの罰金を払うかどうかについて争うため、仕事をまる一日休んで裁判所へ行かなければならなかったかもしれないのだ。

そしてもしも裁判所へ行っていたら、徹底した官僚主義にひきまわされて、もっと犠牲は大きくなったに違いなかった。このような事態を避ける方法は前に学んだはずである。

ジムのこの実利的な決断が、よい結果をもたらしたのである。論理という正しい武器を捨てて、若干のずるがしこい演技をしなければならなかったにせよ、である。

3　相手の「非」をあげつらうのはやめる

上役や権威を持つ人、また肩書のある人などと対したときは、たとえ自分のほうに理があるように思えても、そのことをひけらかすのはやめたほうがいい。勝利者であることなど証明しなくてもいいのだ。そんな努力はムダである。

むしろ、彼らが常に必要としている権力意識なるものを与えてしまうことだ。あなたとの間では、彼らが勝ったと思わせておけばいいのである。たとえ真実はそうではないとわかっていても、口に出さず、黙っていなさい。

上役というものは、自分の非を明らかにされることは好まないものだ。このことさえわきまえておけば、彼らとの間のトラブルは避け得るのである。

たとえ仕事上での自分の処置のほうが正しいと思っても、「この件については、あなたはまったく間違っている」などと言って対決するのは愚の骨頂だ。自分の昇進などの問題についても同じである。そのような態度を示すと、相手は自分のエゴを押し通さざるを得なくなり、結局はあなたと闘いに突入してしまう。上役をこのような立場に追い込んではいけない。

これまでにも書いてきたが、他人へのもっともすばらしい対処法とは、「私の望むようなことを提案したのは、あなたのほうだ」と相手が思うようにしむけることだ。問題があなたの昇格や昇進の場合にはなおさらである。

これは決して自分の考えを引き下げるといった、軟弱になることではない。ただ、自分の利益のために効果的に戦略を立てよ、ということである。

そのためには、自分の考えを表明すべきときはいつなのか、胸にしまっておくべきときはいつなのかを知ることが要求される。

「気がすすまないこと」を無理にしなくてすむ法

1　罪悪感を持ったり、「つき合い」で行動しない

たとえば、親戚や知人にキスするといったこと――もしそれが自分の意に反しているのに、そうしなければ彼らに理解してもらえないという理由だけでやっているのなら、そんな気の向かないことはやめなさい。今後は絶対にやめなさい。

そのようなあなたの態度が問題で、それについて話し合いたいなどと彼らが言ってきたら、それはそれで、これまで列挙してきたさまざまな戦略――あなたを理解しない人々を扱う戦術――を駆使することもできる。けれども、一番いいのは、そんなゴタゴタになる前に、気が向かなければやめてしまうことなのだ。

気の向かないつまらぬパーティーなどに行くのはやめて、成り行きを見ているのだ。そ

れでもなお、誰かがあなたに強制しつづけるようなら、前述の戦術をつかえばよい。ただ、はじめに、自分の身のおきどころがどこなのかを決めること。そして一度決めたらそれを実行して自己主張するのだ。

誰が何と言おうと、結局はあなた自身の身体なのだ。だから、自分が望んでもいない場所や、あるべからざる場所におく義務などないのである。

2 自分の行動について謝るのをやめる

自分自身のことや、自分の行為について謝罪するのはやめなさい。自分の意に染まないことや、他人に好まれないことをやってしまったからといって、後悔する必要はない。それから何かを学ぶことができるかもしれないし、また、被害をこうむった人がいるなら、その人に、同じことは繰り返さないと告げることもできるだろう。人間というものは、こうして、うまく生きられるようになるのだ。

また、あなたのことを理解できない人がいるとしても、別にあなたの責任ではない。もしもそのことについて彼らに謝罪してしまったら、彼らの責任を引き受けてしまうことになる。彼らが理解できないのはあなたの責任になってしまう。これでは、あなた自身のことや行為の動機について、誤解したままでいるように彼らに勧めているようなものである。

いつも「すみません」と言っていると、恐ろしいことに犠牲になる習慣がついてしまう。謝罪は「責任は全部自分がとります」と言っているようなものである。地下鉄で、足を踏まれた女性のほうが「すみません」と謝っているのを見たことがあるが、こんなにおかしな習慣はない。

3　ときには「成り行き」にまかせてみる

もしもあなたが、自ら進んで自分の人間関係のあらゆることについてああだこうだと分析をしているのなら、やめることだ。しばらくは成り行きにまかせなさい。行為やその動機のすべてについて、ああだ、こうだと無理してでも解釈しようなどとは思わないことだ。

分析すること自体が、むしろ病弊《びょうへい》で、問題を克服するための有効な道具とはならない。これまでにどれだけの美しい人間関係が、あえて分析したために破綻《はたん》してしまったことか。分析に夢中になりすぎると、それが務めのようになってしまうのだ。これでは人間関係に〝遊び〟がなくなってしまう。だからやめなさい。

4　「プライバシー」を大切にするのをためらわない

公表しないほうがいいことは公にしないこと。関係者の誰にとっても伏せておいたほうがより効果的であったり、あるいは、公表することがあなたのプライバシー保護の考えと相容れなかったりするときにはやめなさい。どうしても断りきれないなら、あなたの知り得る限りの最良の方法で隠すこと。そしてその行為を〝嘘〟だと思ってはならない。

あなたには個人的な情報を隠す権利があるのだ。このことを思い出してほしい。相手に聞く権利はないと感じる内容のときにはなおさらである。

「すべての人」に理解してもらう必要はない

あなたは、自らの世界を予言することもできないし、予言者にも決してなれはしない。また、すべての人に理解してもらうことなど不可能なのである。にもかかわらず、常に他人に自分の立場を説明し、立証しなければならないと思っているとしたら、あなたはいまに犠牲者になってしまうだろう。

あなたは自分自身のために何か事を起こすことができるし、またそのことを誰にも言う必要はない。すべてあなたの自由に任されているのである。「静かに自己発揮する」ということは、このような自由を持っていることを正しく認識し、世間に向かって「私の勝手でしょ」と、ちょっとウインクできることを意味している。

すべての人間から正しく評価されようなどと思った日には、それこそこの地球から離れて遠い宇宙の彼方へでも行ってしまわなければならないだろう。つまり地球上では不可能なことなのだ。このことが理解できれば、他人に理解されなければならない、評価されなければならない、といった愚かな〝必要性〟を捨て去り、人生をより楽しいものにできるだろう。この世に存在する間に、あなたは人生をすばらしいものにできるのだ。

ドストエフスキーはこれらのことを知っていた。『カラマーゾフの兄弟』でこう書いている。

「人間は予言者を拒絶し殺害する。しかし、すでに殺してしまった殉教者や名誉ある人物は愛するものである」

しかし、たとえ精神的にとはいえ、殺されることをなぜ黙って容認しなければならないのだろうか。さらには、これはもっと重要だが、名誉を得るためになぜ死ぬまで待っていなければならないのだろうか。

そのようなことをする必要はまったくない。現在を生きる決心をし、すべての人から理解される必要などないと認めればいいのである。

決断するのはあなただ。

6

生きるのが断然ラクになる「現実」とのつき合い方

こう考えればいつも「ツイている日」に

変に聞こえるかもしれないが、人は、自分の手で自分自身を犠牲にしているものである。人々は、現実そのものではなく、現実に対する自分の信条や姿勢のほうに重きをおいてしまい、そのために犠牲になってしまっている。

「あなたもそうした人々の一人だ」と私が言えば、たぶんあなたは否定するに違いない。けれども、否定する前によく考えてみてほしい。ほとんどの人が、現実についての〝解釈〟のことばを、あたかも現実の反映であるかのように毎日つかっているということを。

たとえば、よく「今日は本当にひどい（よい）天気だ」と言う。一見なんてことのないようなことばだが、実際は「現実に基づいたもの」ではない。なぜなら正しくは、その日はあなたの解釈次第で「ひどい天気」にも「よい天気」にもなるからだ。あなたが表現しようと決めた通りの日になるのだ。

あなたが雨の日はひどいと考えれば、雨の日に関してはそのような解釈になるだろう。そして、農業を営む人などを除いて、世界じゅうのほとんどの人があなたと同じように考えることだろう。けれども、真実はどうかと言えば、その日はあるがままの日にすぎない。あなたがひどい天気と解釈しようがしなかろうが、そのことはその日とは何の関係もない。あなたがどう解釈しようが、その日は、その日以外の何ものでもない、まさにあるがままの姿でしか存在し得ない。

　このような現実とその解釈の話など、犠牲の問題と具体的にはあまり関係がないと思えるかもしれない。また、「ひどい天気」がどうのといった、得にも害にもなりそうにない意見を聞かされれば、誰だってなんと無意味なことを言っているのだろうと思うだろう。

　しかし、現実とその解釈とが混同され、それがあなたの生活に適用された場合、一見無意味とも思えるこの話が重要になってくる。とくに、あなたを犠牲にし得るような場においてはなおさらである。

　たとえば、ちょっとした雨があなたの心に一日じゅう暗い影を落としている状態を考えてほしい。ちゃんとした理由があるわけではなく、ただ雨が降っただけで、である。このようなとき、もしもあなたが現実と自分の考えとを同一視し、そのことに何の疑いも持たずに生活するとしたらどうなるのか。きっとあなたは、倉庫いっぱいもの苦悩を自分に課し、それを受け入れて生活するはめになるだろう。

　世の中が自分の望み通りになってほしいと思っているのに、物事が思うように運ばなかったり、あるいは今までのように進まなかったりしたとき、さらにもっと悪い場合には、主張したように運ばずにカッカしてしまうとき――このようなときに心の葛藤が生じるのである。

現実とは、まさしく現実そのものの姿であらわれるということを理解し、世の中があるがままに回っているということに対して気分を害したりしないこと。そうすれば、このような心の葛藤や苦悩は自然となくなる。

現実とは、あなたが何を要求しようが、どう主張しようが、それらとはまったく関係がないものである。あるいは、あなたが、現実はこうあるべきと考え、その解釈で身動きできなくなろうがどうしようが、まったく関係ないのである。

だからといって、何も現実に起こる不正を改善してはならない、と言っているわけではない。不健全だと思っている部分をよくしてはならないという意味ではない。なぜなら改善と進歩こそが成長の核ともなるものだからである。

しかし、すでに起きてしまったことは、もう〝過ぎ去った〟ことだ。そこから何かを学ぶことはできるにせよ、そのことでカッカする価値はない。このように認識することである。そして、現在すでに進行中で、もはやあなたには変えようのない事柄についても、やはり心を痛める必要はない。その価値もない。だから、良いとか悪いとかと、その評価で頭を悩ます必要などない。ありのままの姿を見ていればよいのである。

あなたが予想した通りのことが起きることもあるだろう。また、自分の力でまだどうにかできることなら、改善すればよい。しかしくれぐれも、物事をむりやり別の状態に変えようとしたりしないことだ。そして、思い通りにならないからといって、欲求不満に陥ってはならない。

現実のことについて常に呪いのことばを吐いているような人は、意味のない憤慨や欲求不満だらけの人生を送るようにと、自分自身で運命づけているようなものなのだ。そういう人たちは、以下のようなことを言って、自分自身を犠牲にしてしまう傾向がある。

❍「こんなことが、今、起こっていいはずがない」

現在すでに起きているにもかかわらず、このようなことは起こってはならない、などと言ってカッカとする。これでは犠牲になるだけだ。現実が違う姿であってほしいというのは、単なる願望だ。そんな願望がもとでカッカとなればなるほど、神経症という鎖があなたをがんじがらめに縛りつけることになる。

そんなことを言うのはやめて、代わりに、こう言ってみることだ。

「これはたった今、起こっていることだ。食い止められるならばそうする。そうでなければ、二度と起こらないように配慮しよう」

❍「この世は残酷なところだ」

世の中をそのまま受け入れずに、〝残酷なもの〟と解釈する人は、世の中自体は残酷なものでも何でもなく、ただあるがままだという事実を無視している。

「残酷」であるとかないとかという分類は人間がつくったもので、望むように事が運ばないのを世の中のせいにするときにつかわれる。世の中をどう呼ぶかはあなたの自由であり、そのことでカッカしようがそれは一向にかまわない。どう呼ばれようと、世の中はあるがままの姿をつづけるだけなのである。

「この世の中には、変えたいと思うことはいっぱいある。だから、もっと現実的な考え方をしたほうがいい。だから、変えるように努力しよう。ただ、変えられないものについては無理をせず、多くを期待するのはやめよう。いやなことには目をつむればいい。期待していると結局はいつも裏切られ、カッカさせられてしまうから」

❍「みんな意地悪く、不親切だ」

「意地悪」とか「不親切」ということばは、誰かのやり方を非難するときにつかわれる。

たしかに人は、あなたなら決してしそうにないことや、あなたから見れば非難されてしかるべきことをしばしばする。あるいは、もっと悪いことまでやってしまう場合もある。だが、あなただけは決して人にそのようなことをしてはならない。そして、彼らの行為によって、あなたやその他の人が権利を侵されることのないようにしなさい。もしも侵されるようならば、その行為をやめさせるために、できるだけのことをする。それはよいだろう。

けれども、そのような行為をしたからといって、あの人はこういうタイプだなどと分類してみたり、あるいは、そういう人間がこの世に存在するという理由だけでカッカしたりするのはやめなさい。束縛されて、エネルギーを浪費するだけである。

そしてさらには、やめさせられずに結局はサジを投げ、そのあげくに、「世の中の人なんてだいたいが意地悪く、不親切なものさ」、などと言うのもいけない。それは、あなた自身もふくめたすべての人たちに対する希望を捨てることだからだ。あなたの人生そのものをもあきらめることになってしまうのである。

何らかのレッテルを貼るのなら、人間に貼るのではなく、その行為に貼ったほうが、まだ救いがある。人間は変わっていくもので、一つところに常にきれいに収まっているものではないのだ。

「外はどしゃ降りでも、心は上天気」に保つ

世の中や世の人々を熟視すること。世界がどのように動いているのか、私たちが現実と呼んでいるものがどのような要素で構成されているのか、注意深く観察しなさい。これによって、どのようなものを見ようが、そのせいで犠牲になることのないように自分を訓練することになる。

地球の動きは非常に予測しやすいものだが、ここに住む人間の動きもまた同様である。だから、「犠牲になるまいとする人」は、無意味な争いごとには関与しない。流れにそむく代わりに、流れに沿って流れていく。そしてその流れの中にあることを心から愛し、楽しむのである。

一見辛そうに見える現実も、足を止めて楽しんでみようとすると、とてもわくわくするものに思えてくる。たとえば、砂漠は暑いし、砂まみれにもなってしまう。ここで、暑さや砂に反発するという精神的な闘いをすることもできるし、また、不平を言うこともできる。しかし、闘おうが不平を言おうが、砂漠は依然として暑いままなのである。

そうではなく、ここで新しい目で周りを見わたせば、砂漠そのものを楽しむこともできる。暑さに反発するのではなく、砂漠の熱を身体で感じ、毛穴にまでしみ込ませるのだ。小さなトカゲがいたるところでチョロチョロ走りまわっているのを観察することもできるだろう。また、サボテンの花を観賞したり、頭上を飛翔する鷲を見つけることもできる。暑さに対して文句を言ったり、砂漠を退屈だと言ったり、あるいはそんなところにいることを悔んだりさえしなければ、砂漠を味わう方法などいくらでもある。現実の犠牲になることをやめればいいのである。

雷雨についてもそうだ。雷雨を恐れたり、隠れたり、あるいは、文句を言ったり、呪ったりすることはもちろんできる。けれども、そういうことをつづけている人は、雷雨がもたらす一瞬の間の興奮体験を味わうことができなくなってしまう。生涯でその一瞬だけしか味わうことができないかもしれない、そんな貴重な機会を奪われてしまうのだ。

嵐の間は恐れたりするのではなく、その間じゅう緊張をほぐしていればいい。そうすれば、嵐を身体で感じることもできる。嵐の音を耳で聞き、嵐の香りを嗅ぎ、嵐を抱きしめることもできる。こうして、嵐が持つ独特の何物かを、残らずすべて満喫することもできるのである。

嵐が去ったあとは、天気の回復に波長を合わせるかのように次々と湧きおこる雲をながめることもできる。また、風がそれを吹き払い、雲がさまざまな形に変化するのも観察できる。このようにして、そのときどきの現実を、絶え間なく味わうことができるのだ。同じことは、パーティーや会議、あるいは一人だけの夜、バレーボールやフットボールの試合、食事のときにも言える。さまざまな現実の場で満たされた気持ちを味わえるのである。

どんな現実であろうと、あなたの決断一つでそれをすばらしい体験にすることができるのだ。現実を良くするも悪くするも自分の決断次第なのである。このことがわからなければ、現実の流れに波長を合わせられなくなってしまう。そして、現実に基づかない見方や考え方をしてしまい、結局は犠牲になってしまうのである。

物事にカッカとしたり、何かに束縛されたりすることがいかに愚かなことか、ちょっと考えてみてほしい。このようなことが何の役にも立たないのは、論理的に考えてもわかる。なぜなら、現実から得られる反応は、カッカとしようがしまいが、まったく変わらないからだ。

現実は変わらないというのは、逃れようのない、必然的なことだろう。変わらないけれども、私たちはそれについてカッカすることもできるし、また、しないで済ますこともできる。そしてこのどちらの態度をとっても現実に影響を及ぼすことができないとしたら、カッカするのはまったくバカげたことではないだろうか。

ヘンリー・デイビッド・ソローはウォールデン湖で、「陽が昇るのを私が手伝うことなど決してありはしなかった。しかし、何もせずとも、ただそこにいること自体がもっとも大切なことなのだった」と書いている。

このソローの姿勢が「犠牲になるまいとする人」の姿勢だ。ただそこにいて楽しめばいいのだ。心を落ち着けなさい。そして、物事はあるがままの姿なのに、それにカッカするのがいかに愚かなことであるか、認識することだ。

〝いやな日〟などと考えるのはよしなさい。そう考えて自分をごまかしてはいけないのだ。日々はただそこに存在しているだけである。水曜日は、あなたが好むと好まざるとにかかわらず、水曜日でありつづける。それが〝いやな日〟であるというのは、あなたが自分の都合でいやにしているだけなのである。

こんな尺度にこだわるから、人生が窮屈に

コナン・ドイル『シャーロック・ホームズの冒険』に次のようなものがある。

「私の考えは、ワトソン君、経験に基づいたものなのだが、ロンドンでもっとも下品でがらの悪い路地でも、あるいは朗らかな美しい田園でも、犯罪件数は同じようなものなのだ」

右の短い引用の中で、かの有名な私立探偵は、ある非常に基本的な真実について語っている。

それは、「罪」というものは、自分自身がそれを見つけたときはじめて存在するということだ。あなたが自分で罪を犯していると確信したとき、罪ははじめて存在する。だから、世の中の人々は、罪についてそれぞれ自分の好きなように解釈することができるのである。

罪かどうかの判断についてもそうなのだが、現実についてのあなたの判断は、充分に自己発揮するときには、的確かつ有用なものであるけれども、そうでない場合、その多くはあなたを惑わせ、破滅させる可能性を持っている。

これからあげる三つの項目は、現実についての判断のうちでもっとも典型的、かつ一般的なものだ。しかし、現実の本当の姿を反映していないために、人を犠牲にしてしまうものでもある。

1　善・悪――こだわりすぎると人生の本当の楽しみを取り逃がしてしまう

白と黒とがあるように、ものには必ず善と悪とがあると思い込むと、何につけてもどちらが善でどちらが悪なのかと考えたり、その判断に悩んだりしてしまう。このようなことに時間を費やしているとしたら、あなたは無意味な欲求不満に陥っているか、あるいは、もっとひどい事態になってしまっている。

善悪というのは、この世の事柄についての一つの解釈であり、しかもそれは、あなた自身の好みに基づいていることが多い。つまり、あなたが好むものや同意できるものは善であり、それ以外はあなたにとっては悪なのだ。

だから、たとえば考え方や態度などに同意できない人物、つまり自分とは異なるタイプに出会うと、その人を悪い人間のカテゴリーに入れてしまう。その人のことをありのままに、ただ単に自分とは異なる人間だと分析するのではなく、悪い人間ととらえてしまうのだ。

そして、その人を憎んだり、その人と闘ったり、また、その人のためにカッカとしたりするとき、その口実としてしまうのである。憎み、カッカするのは、あいつが悪いからだ、というわけだ。

同じように、自分が悲観主義に陥っていたり、憂鬱な状態にあるのは、そこいらじゅうに「悪」があるからだ、となってしまう。道ばたの障害物も、人の欠点も、道路の穴も悪いものなのだ。いたるところにこのような「悪」の小さな落とし穴があるために、自分は悲観的で憂鬱になってしまうというのである。

逆にまた、今度は他人が、こうした善悪のとらえ方をあなたにあてはめると、あなたのほうが犠牲になってしまうこともある。誰かがあなたの行動を悪いと思って、それだけでやめさせようと圧力をかけてくることだってあるのだ。誰かが悪いと思った、というただそれだけの、何ら根拠のないつまらない理由だけで、犠牲にされる恐れもあるのだ。

人々が物事に善悪のレッテルを貼りたがるのは、何もそのことを充分に体験するためなどではない。普通は、善し悪しの判断を下して満足し、そのことを忘れてしまうためである。

何事をも善／悪に分けてしまうような、そんな習慣の犠牲になるくらいならば、善悪の変わりに、健全／不健全だとか、合法的／非合法的、効果的／非効果的、役立つ／役立たない、といったことばを思い浮かべなさい。これらは現実に基づいたことばであり、それゆえに、あなたの生活の場においても意味を持つことができるからである。

2 正・誤――「理屈は後からついてくる」のが現実の人生

これもまた、人間が新しく編み出したことばだ。この行動は正しいが、あれは誤りであるとか、この出来事は正しいが、あれは誤りである、というふうにつかわれる。

しかし、現実はそのような判断を必要としていない。もしも誰かが、道徳的な面であれ何であれ、あなたが誤っているということをあなたに納得させたと言うなら、これは何を意味するか。その人は、その人にとっての正しい行動をあなたがとるまであなたを虐《しいた》げた、ということである。

正しい行動とはこのような場合何かと言うと、たいていはほとんどの人がやっていることを指す。けれども、あなたの立場が「正しい」のか「間違っている」のかは、リンゴを二つに割るようにして決定されるべきものでは決してない。

第三者的な立場で、物事を客観的に見られる人なら誰でも、ある人にとっては「正しい」行動が、他の人にとっては「誤り」であったり、またその逆もあり得るとすぐにわかるはずだ。つまり、正しいとか誤りであるとかいうのは、単なる〝その人の解釈〟にすぎないのである。

かつて大勢の人々が愚かな戦争で死んでいった。歓呼の声に送られて死地に赴いたのだ。

すべてが終わってしまえば、両国は握手でその戦争を締めくくるというのに、なぜこのようなことをしたのか。

それは、当時はそれが「正しいこと」だったからである。あるいはまた、国家やチーム、学校などに対する忠誠は常に正しく、忠誠を誓わないのは間違いだと考えられていた場合も多かった。

そして今でも私たちは、家族に対する忠誠は正しいことだから守るように注意してやりなさいとか、真実を告げることは正しいことなのだと忠告してやりなさい、などと言い合うことによって、結局お互いを犠牲にし合っている。また、あくびやくしゃみ、鼻をほじくったりぴくぴくさせたりするのはよくないこととされている。

なぜ、あることは正しく、あることは誤りなのか。その理由は、このような行動はやめさせようと単に人々が決意したからである。どれをとっても、本質的には別に間違ってなどいないのだ。

3 美・醜――「人生に思い悩む犬」がいないわけ

美・醜についての表現が人間につかわれる場合、ひどいときにはまったく現実ばなれしたとんでもないものとなる。しかし現実には、誰しも他の人より美しいことも醜いこともなく、ただ人それぞれなのだ。

大きな鼻は、あなたが醜いと評価しなければ、醜くはない。毛深いことは、魅力がないということでは決してないのである。それは、背が低いとか高いとか、太っているとかやせているとか、あるいは色白か色黒かなどについても同様に言える。

あることが美しいとされれば、それに当てはまる人もいればそうでない人も出てくる。そしてこの美しいということばは、多くの人にそのことを認めさせることのできた〝美しい人たち〞が、そうでない人たちを罵倒《ばとう》し、犠牲にするためにつかうことばにほかならない。

だから、同意したくなければする必要はない。少なくとも「美」「醜」ということばを、ある種の人たちを他の人の上に置くための基準としてつかうのなら、そのようなことばに同意する必要はさらさらない。

自分の外見についての誤った思い込み――それは実際はあなた以外の人の思い込みでもあるのだが――によって自分が犠牲になっているようなら、そんな思い込みがつくったレッテルは取り去ってしまいなさい。そうすれば、あなたの中にあって、ほとんどの場合に害となっている、事実無根で的はずれな考え方を追い出すことができるのである。

マーク・トウェインは、「人間は顔を赤らめることのできる、あるいは赤らめる必要のある、唯一の動物である」と書いている。彼は、赤面が、現実の解釈に対する反応であることを知っていたのだろう。さらに、動物たちは現実を解釈せず、そのまま受け入れることしか知らないために、どんなことにも当惑することがない、ということをも知っていたのだろう。

このような動物の程度にまで逆戻りしたいとは思わないが、動物たちの行動をもっと詳しく観察し、現実について変に思い込むことで犠牲になどならないよう、学んではどうだろうか。

頭も「ほどよい運動」と「休養」を

健康で活動的な身体を維持するためには適度な運動と休養とが必要なように、心にもそれらが必要である。だから、心を和らげる方法を学ぶこと、また思考や分析、計算、あるいは過去の思い出といったものから心を解放するすべを学ぶことは大切である。とくに、現実を自分に不利に解釈するのをなるべくやめようとしているときには、どうしても養っておかなければならない技術だ。

頭も身体と同様、つかい過ぎると一種の病気になってしまう。私のもとには「不眠症」で悩んでいる人たちが大勢相談にくる。彼らは世の中のことをとことん分析しなければ気がすまないたちで、安らかに、何も考えずに時を過ごすことができない。頭をカラっぽにし、ありのままの自分になって、その自分を体験しているときこそ、現実を最高に楽しむことができるというのに。

あなたにとってこれまでで一番すばらしい体験を思い出してみよう。その体験がそれほどまでに心に残り、特別なものとしてあなたの中に残っているのはなぜだろうか。それは、あなたが体験そのものに没頭していて、事が起こっている間じゅうずっと、自分が何を考えているのかさえも意識していなかったからに違いない。

ここ数年、瞑想《メディテーション》に強い関心を持つ人が増えてきている。これは、世の中の目まぐるしい動きに対し、頭を休ませたいという私たちの自然な願望のあらわれにほかならない。私たちは、頭を休ませ、そしてまた再び元気に働くことができるような自己調整法を学びたいのである。

瞑想は、自分の秘伝を弟子に授けた昔のマスター（親方）たちのような専門の師がいて、その師とともに修養し、時間と金をつかって奥義に達する、といったややこしいものではない。過労になった頭をリラックスさせ、静かにさせることによって、頭の緊張とストレスとをほぐすという、しごく簡単なことだ。

そのために、諸々の考えが消えるまで、ある色に神経を集中させたり、あるいは一つの音をゆっくりと集中して繰り返して聴いたりする。心の領域に横暴にも何か別な考えが入り込んできたなと感じたら、すぐにその考えの侵入を阻止しなさい。瞑想の指定時間が終わるまでに、文字通り追い出してしまうのだ。

瞑想の時間は、初心者で一五秒間だが、しばらく訓練すれば二〇分間まで延ばすことができる。この種の心のリラックスは、思い立ったときすぐにやることができる。定期的に身体を休ませるのと同様に大切なことである。

一番実力を発揮できる「自然体」のつくり方

むやみと頭をはたらかせずに済む方法を学ぶうえで、「自然にふるまう」ことは必要である。「自然である」というのは、自分にとって自然な行動をとることを意味している。ある活動にかかわるにあたって、自分の見解や分析、また計画といったものに左右されたり、それらの拘束や影響を受けないことだ。

たとえば、一つの仕事のやり方を身体で覚え込んでしまった後で、仕事についていろいろ考え込んだら、かえって作業を妨げてしまう。頭をつかわず自然にやったほうがうまくいくものなのだ。

車の運転のような、日常的な活動について考えるとよくわかる。頭をつかい、訓練をして、いったん運転方法を覚えてしまえば、運転中に身体が何をどうやって動かしているか、など考えたりはしない。ただ、なすがままに任せているはずだ。

これを、カーブを曲がるときは、速度をゆるめるために足をアクセルからブレーキに移し、手でハンドルをまわすと、車は進路に沿い、歩道のふち石をよけたりしながら、コーナーをなめらかに曲がっていく――、などと考えていたら、かえって混乱してしまう。

それから、手を握りかえてハンドルを戻し、またアクセルを踏む……。こんな細かな動きをいちいち気にしていたら、きっと運転動作の流れが乱れ、調整がきかなくなって混乱してしまうに違いない。練習中のおどおどしておぼつかなかったころに、逆戻りするようなものだ。

同じことは、一つひとつ考えながら運転しているドライバーにも言える。誰しも見たことがあると思う。すべての動作を「総合させる」べきところで細かい操作にこだわるため、ぎごちなくなっている人である。

こういう人は、ちょっとでも隙を見せると車が道路から飛び出してしまうとでも思っているのか、神経質に「過剰操縦」してしまう。左折、右折、進路をはずさないこと、速度オーバーしないこと、などにいろいろ気をとられているのだ。このような人は、考えずに運転するということをまだ習得しておらず、何年運転していても熟練ドライバーとは言えないのである。

どんなスポーツにおいてもそうなのだが、偉大なチャンピオンほど余計なことを考えず、無理なくプレーするものだ。試合中には、瞬時に、しかも正確無比に反応することが要求される。彼らにそれができるのは、どんな場合にも気を散らさずに対応できるように身体を訓練しているからである。

そして、集中力を養うことがその一番の方法だと言われている。とすれば、集中力というのは、思考したり理論立てたりするよりも、むしろ瞑想に近いことになる。集中力とは、問題のあらゆる面を熟考したり、分析したり、抽出《ちゅうしゅつ》してみたりするのとはまったく逆なのである。

さて、心を和らげようとするこの姿勢は、もちろん今度はあなた自身がスポーツをするときにも活用できるし、何より、あらゆる人生ゲームにおいても応用できる。

たとえば、テニスのバックハンドがひどく下手なのに、あるとき「無意識」に打った球がきれいにネットを越えて敵のコーナーに飛んでいき、あまつさえ得点にまでつながってしまった、ということがあるものだ。こんなことがしばしばあると、バックハンドの打ち方はすでに身体がすべて覚えていると考えるようになるだろう。

ああでもないこうでもないと考えて、その結果、身体の動きを妨害しさえしなければ、つまり、意識して打とうなどとしなければ、バックハンドは自然に打てるのだ。「無意識」になることによって、自分の持っている本当の技能を発揮させることができるのである。要するに「無意識」とは、まさしくプレー中に何も考えず、身体の赴くままに任せる、ということなのである。

病気のほうから逃げ出す「心の持ち方」

何かの病気をしたとき、その病状についてあまり考えないようにすると、実際にその症状が影をひそめてくることがある。これは周知のことだろう。ただし病気を悪化させるようなことをしなければ、の話ではあるのだが。

そのせいかどうか、慢性の背痛を鎮めるために、瞑想が用いられるようになっている。

慢性の背痛特有の、痛む→緊張する→より痛む→より緊張する、という悪循環を断ち切るために、薬に代わって、適度な運動とともに瞑想がますます用いられるようになっているのである。

風邪についても同じで、風邪をひいたからといって、そのことについて考え込んだり、そのことばかり話したり、身体を甘やかしていると、かえって症状を悪化させてしまうことが多い。もし風邪などよりももっと切羽《せっぱ》つまった関心事があれば、身体自身が病気を鎮めてしまうに違いないのだ。

ハワードは生まれてはじめてパラシュート降下をすることになった。しかし、風邪をひいてしまったため、家を出るときには鼻水と咳が出、脈搏も乱れてひどい状態だった。だが飛行場へ着くなり、ハワードの頭はジャンプのことでいっぱいになってしまった。指導員の話を聞かなければならないし、それを復習しなければならない。飛行機に乗り込み、パラシュートをつけ、秒読みし、ジャンプ台に出て、身体の位置を正確にとるなどといった一連の作業をすべてやらなければならなかった。

彼は二時間の間、それらの行程の興奮と刺激にすっかり夢中になっていた。ところが、刺激的な挑戦が終わり、再び長い帰途につこうとして車に戻った途端、この二時間止まっていた鼻水が急に出てきたのである。

パラシュートに熱中しているときには、彼の頭は風邪のことなどすっかり忘れていた。だが身体のほうは風邪と「闘い」ながらも、ごく自然に、風邪の症状に「薬を与える」はたらきをしていたのである。つまり、人工薬品がやるのとまったく同じ方法で風邪の症状を抑えていたわけだ。

何かを考えすぎるために自分を追いつめているような場合には、このように何も考えないようにすることが大変に役に立つ。思いわずらっていた多くの弱点を取り除ける。

もちろん、本格的な治療の代わりになるというようなものではない。が、原因が精神的なものだったり、思いわずらうがために病状が悪化しているようなときには、リラックスし、深刻に考えずに自然にしていることが、病気に対する強力な特効薬となるのである。

悩みはすべて「ぜい肉」になる

物事を考えすぎることが、いかに自分自身を犠牲にしてしまうかの、とてもわかりやすい例の一つに、食べ過ぎやダイエットがある。

あなたの身体は、あなた自身にとっての正常な体重がどれぐらいなのかを知っているのだ。だから、太り過ぎの原因は、身体上の欠陥でも何でもなくて、ほとんどの場合、あなたの心の持ちようなのである。

腹が減っていないときには食べない、と決心すれば、ダイエットなどといったことをせずにすむのだ。じきに、あなたの胃そのものが、ある程度食べればもう満腹するようになるだろう。それだけで、空腹などというものにはおさらばできるのだ。

にもかかわらず、あなたの頭は食べ物のことばかり考えているのではないだろうか。皿の上のものはせっかくだからきれいに食べなければいけないな、とか、食事時間のうちにたんまり食べておかないと二〇分もしたらまたお腹が減るな、とか。また、この焼肉は最高だとか、チョコレート・サンデーはおいしいなどと、四六時中食べ物のことばかり考えているのではないだろうか。

あなたは、とにかくがつがつ食べたいのだ。飢えに対する恐怖感でいっぱいなのだ。だから、たとえ一時の空腹が満たされたとしても「腹が減って死にそう」になるのである。しかし、本当は、食べ過ぎで苦しいほどであるのを、ちゃんと自分自身で知っているのである。

こういう人にとって、もっとも効果的な減量法は、取り皿に一回食べる分だけよそって食べるようにすることだ。そして、ひと口食べるごとに、まだ腹が減っているのかどうかを胃に聞いてごらんなさい。減っていないようなら、とりあえずその場で食べるのをやめ、また胃が欲しがるまで、次のひと口にとりかかってはいけない。

胃を満足させるだけ食べればそれでよいのだ。身体は、食べ物を詰め込まれ、ふくれて太鼓腹になるのを好まない。食べ過ぎは苦しいものだからである。だから、この身体の出す注意信号、食べ過ぎをやめさせようとする信号にダイヤルを合わせさえすれば、食べ過ぎは解消し、最適な体重に調整することができるはずだ。

そのためにも、食い意地の張った自分の心を鎮める必要がある。胃がもたれるとか、階段を登るときに息切れする、あるいは腹が張って痛むなどというのは、身体があなたに送っている黄信号なのだ。身体は、うまく機能するのに必要な分だけ食べるから放っておいてくれ、と言っているのである。

だから、食べ物の摂取量について頭を悩ますのはやめなさい。そうすれば、太めだと思い込んで自己嫌悪している、あなたのそのうわべのぜい肉などいっぺんにとれてしまう。そして、ぜい肉の内側の本当の姿、つまり、健康的な肉体の見本のような素敵な身体に、すぐに戻ることができるであろう。

もうクヨクヨしない、「現実」との賢いつき合い方

さて、現実の事柄についてどんな思い込みをしているのかをもっとよく知ることができれば、その思い込みを変えられる。思い込みがどんな形のものであれ、それがあなたに害を与えていると気づきさえすれば、あとはそれを変えればよいからだ。

現実の事柄をさまざまに評価してみたり、解釈してみたりして、その結果、現実のあり方についてカッカするよりも、そこにあるものをそのまま受け入れることだ。考えることばかりに人生の時間を空費するよりも、現実を受け入れ、ありのままの姿を味わうことだ。そのような「現実のエキスパート」になるための特別な方法を、ここにいくつかあげてみよう。

1 「自分がとる態度は他人に決めさせない」と決意する

どのような場合でも、自分を制御する力は自分にあると確信すること。自分がとる態度は自分が決める、そういう力をちゃんと持ち合わせている――これを確信することからは

じめなさい。あなたの態度が自分自身のもので、固有でユニークなものなら、あなたはそれを管理するだけでよいのだ。なにも自分のほうから押し殺すような態度に出る必要はないし、そんな態度に固執することもない。

しかし、もしも自分の考えや感じていることが、すでにどこかで決められてしまったとで、もうどうしようもなくなっているという考えにとらわれているとしたら、あなたは今いる場所で身動きできなくなっている。そんな自分の態度の奴隷になるのではなく、態度を決定する立場に立つ決意を固めなさい。

2　現実の中に見過ごしてきた「宝物」を探す

日を決めて、現実をじっくり鑑賞してみなさい。物事を見過ごしにしないで、学べるものはすべて学ぶように努力するのだ。そして、できるだけ多くのものを吸収するようにしなさい。

たとえば電車やバスの車内にいるときには、あなたの前にすわっている人、あるいは車の内装、窓越しに過ぎゆく風景などに注意を向けてみるのだ。ガードレールでもいいし、雲の形や風向き、建築物など、観察できる対象があればどんなものでも観察してみるのである。

このような習慣を身につければ、退屈しのぎになるばかりでなく、ついには、人生の一瞬一瞬をも味わうに足るものにする習慣を身につけることができる。

3　自分の〝思い込み度〟をチェックする

現実の事柄に関する自分の話し方や表現を再点検すること。現実の事柄そのものではなく、それについてどう考え、感じたか――そのときの思い込みのことばを一時間に何回つかうかを調べてごらんなさい。恐ろしいことだとか、いやな天気だとか、あるいは、あの人は役に立たない、醜いなどといったことばを、はたして何回つかうことだろうか。

その場合に、もしも否定的な表現や解釈に自分がとらわれていると思ったならば、すぐさまそれを訂正するように努めなさい。話し方を変えれば、現実をありのままの姿で受け入れる姿勢がとれる。そうすれば、無意味な怒りの多くも取り除けるようになるのである。

4　怒るより「解決」にエネルギーを注ぐ

誰かの意見に反対で、憤慨して腹を立てているならば、そのような怒りは取り除くようにしなさい。相手が自分と同じような考え方をしないからというだけで、なぜそんなにカッカとしなければならないのか。一人ひとりがみな異なっているのが現実なのだ。その事実に心を乱すほどムダなことはない。

だから、こういうことでカッカする回数が少なければ少ないほど、健全になれるのであり、また、自分自身の心の糸を自分で操作できるようになるのである。

カッカしてしまったが、そのうち克服できるだろうというようなときは、そのままにしておかずに早めに立ち直るようにしなさい。このような「時間短縮」は、心機一転に役立つからだ。済んでしまったことに縛りつけられてはならない。

このようにしてあなたは、自分ではどうしようもないことに対しては、まったくカッカしないでいられるようになる。そして、現実のさまざまな事柄で不機嫌になる代わりに、行動を起こす人間になっていくことだろう。

5　「自分の好きなもの」をマイペースで楽しむ

自分自身の現実的な事柄については、個人的な立場を守ること。そのためにまず、他人と違う見方で物事を見る練習をしなさい。自分が味わおうと決めたことについて、他人があだこうだと言ってカッカしてきたら、させておけばよい。彼らは自分から望んでカッカしたのだから、望み通りにみじめな思いに浸らせておけばよいのだ。

そのようなことを気にかけず、あなたは人生の一瞬一瞬を楽しむようにしなさい。意識的にそう心を決めるのだ。最終的には意識せずとも、一瞬一瞬の人生を楽しめるようになる。

ウォルト・ホイットマンの有名な文章を思い出してほしい。

「私にとっては、そのときどきの明暗は奇跡である。三次元の空間を成り立たせている一インチごとが奇跡である」

「どうしても許せない人」への対処法

いつの時代にも、鼻につく人や愚か者、また、変人や卑怯者、偏見を持つ人はいるものだ。あなたが毛嫌いするような人はどこにでもいる。このような人に対して「あの人は悪い人間だ」と評してみたり、あるいはそのような「悪」を許している世の中を呪ったりしていないだろうか。

忘れないでほしいが、あなたと同様に、彼らもまたあなたのことをそう思っているかもしれないのだ。これは充分あり得ることである。彼らもまた、あなたやあなたに類する人々を地上から抹殺してしまいたいと思っている。実際にはそのようなことはできないのだが、でき得ることならば、そんな場面を見たがっているに違いないのである。

お互いにこんなバカげたことでカッカしても仕方がないだろう。だから、自分とはまったく人種の違う人たちがいるという現実を素直に受け入れることだ。そして、これらの人々が存在するというだけのことで心を乱したり、それがために心の糸をあやつられてしまったりすることのないようにしなければならない。

1 「訂正」し合って泥沼化しないように

誤りを他人から訂正されてばかりいてはいけない。また反対に、自分が正しいと思う行為を他人に強要するのもやめなさい。他人の誤りをすぐに訂正したくなるような傾向があるなら、それはなくさなければならない。

たとえば、他人のことばの誤りを年がら年じゅう訂正したり、あるいは、人の話を逐一チェックして、どんな些細な誤りも誇張も見逃さずに、一つ残らず訂正したりするのは、まったく思慮のないひどい習慣だと言える。ただ単に、犠牲者づくりをしているだけである。なぜなら、あなたが常に相手の誤りを訂正するということは、その相手に、何かをやる前にあらかじめどうふるまうべきかを相談しろ、と言っているようなものだからだ。

もしも誰かが、あなたの話を訂正してばかりいるようなら、「大した理由もないのに、また私の言うことを訂正しましたね。私がどのように話を進めようとしているのか、またどう話すべきかを知っているとでもいうのですか」と言って、やめさせなさい。

あるいは、「私の言いたいことをわかってくれたのでしょうか。もしそうでないのなら、ことばは何のためにあるのだとお思いなのでしょう。コミュニケーションのためですか。それとも、お互いの誤りを訂正し合うゲームをするためですか」と言ってみればいい。

このような態度をとれば、自分の人生については他人からとやかく言われたくないし、また、自分自身の現実の姿について誰かに見定めてもらう必要もない、と思っていることを示せる。

どもりの例でも見たように、ひっきりなしに誤りを正される子供は、どういう形態をとるにせよ、むしろ黙り込むようになってしまう。彼らは、自分たちの生活の中に加害者が侵入してくることに対して、憤慨しているのである。

にもかかわらず、幼い子供の誤りを正すのは子供に関心がある証《あかし》だ、などと考えている親は大勢いる。子供とのコミュニケーションのあらわれだなどと、いいように解釈しているのである。しかし実際のところは、子供たちにとっては執拗《しつよう》な責め苦にほかならない。しかも、自分一人では考えることも話すこともできないような子供になってしまうことでもあるのだ。

2　相手を変えようなどと思わない

自分自身ならともかく、自分以外の人を思い通りにできると考えるのはやめなさい。あなたと一緒に過ごしているからといって、また、あなたとともに仕事をしていたり、あなたのために仕事をしているからといって、その人があなたに何らかの借りがあるなどというのは幻想にすぎない。

それが、子供であろうが、配偶者であろうが、また友だちであろうが、彼らに対してそのような幻想を抱いているなら、すぐさまやめなければならない。あなたは、彼らを思い通りに扱うことは決してできないのだ。どんなにいばりちらしてみても、あなたと同じように考えさせることなど、絶対にできないのである。

このことさえわきまえておけば、彼らをあるがままにさせておいても、何ら問題は起こらないだろう。あるがままにさせることによって、むしろ、多くの頭痛のタネがなくなり、さらには自分を犠牲にすることもなくなるに違いない。

若者たちを指導したり、また、彼らが必要としているなら助言を与えたりすることはできる。しかし、彼らを自分のものにすることは絶対にできない。あなたがいくらカッカしたところで、その事実は変わらないのである。

3 忙しいときにこそ必要な「息抜きタイム」をつくる

忙しいときにこそ、瞑想のような、心を和らげる訓練をすること。そして、すべての雑念を追い出し、頭の力を抜いて身体全体をリラックスさせるのである。現実の分析で頭がいっぱいになっていると、人生を素直に体験することができなくなる。リラックスすれば、あなたも人生を真に味わうことができる。「人生の通」になれるのである。

＊　＊　＊

現実とは、あるがままの姿のことである。この哲学的とも言える格言とそれに伴う生活態度とは、今までの章の、より具体的な教訓と同じく、犠牲者にされないための自由を追求しようとするときには、大切なものとなる。

現実を常に呪ったりするのではなく、また現実を呪うがために現在を楽しむチャンスをダメにしたりするのではなく、人生を味わう技術を学ぶことだ。この技術を学ぶことこそが、自分自身の完全な自己達成を追求する第一歩であり、同時に最後の一歩でもあるのだ。

7

人生で成功する人の「いい習慣」

これこそが正真正銘の〝クリエイティブ人生〟

あなたはいつも、いろいろなものを自分で選ぶことができるのだ。それぞれの状況において、自分をどのように扱い、どのように感じるかを自分で決められるのである。

この章では、選択ということばが重要なキーワードとなる。今までとは違って、これからは、自分の未来にどのように取り組むか、もっと自由に考える必要が出てくるからだ。また、よりクリエイティブになることが求められるのである。

あなたがたとえどこにいようと、どんな環境にあろうと、あなたはその状況を、自分の成長に役立てるようにすることができる。感情的にならずに、また感情に縛られることなく、冷静に、自分にプラスになる方向を選べるのである。

それはたとえば、あなたの今いる場所が病院のベッドの上であろうが、あるいは監獄の中だろうが関係ない。あるいはまた、いつものきまりきった仕事場にいようが、田舎町だろうが、ニューヨークのスラム街にいようが、道路のどまん中だろうが、長い旅路の途中だろうが、とにかく、あなたのいる場所とはまったく関係がないのだ。

つまりどのようなところにいようと、あなたはいつも充分に活気にあふれていることができるし、体験から何らかのことを学びとれる。さらには、自分のいるその場所がどのようなところだろうと、好きになることもできるのだ。もしそうでなければ、気が向いたらもっと別な、自分にとって有利なところへ移ることもできるのである。

私がここで「クリエイティブ」ということばをつかっているのは、芸術的に熟達した技術を持つこととか、文化的な何かを創造することを意味しているのではない。ここでの「クリエイティブ」は、音楽とか文学、芸術や科学、あるいはそれらに付随して言われるようなこととはまったく関係がない。

活気あふれるということばとともにつかわれる「クリエイティブ」は、この世のどんな場所においても自分を生かすことを意味しているのである。職場では、いかにすべきかといったようなハウツー本や、誰かの意見を参考にするのではなく、自分自身の意見に耳を傾けよう。そうすれば、何をするにしてもクリエイティブでいられるのだ。

何においても「犠牲になどなるまいとする人」は、どのような状況でもクリエイティブに自分自身を活用できる。どのような状況であれ、結局は自分で選択してその状況に身をゆだねている。犠牲にされるような状況を拒否できるのである。

クリエイティブで活気にあふれた人であるためには、まず現在の自分の状況を見わたしてみて、次のように自問してごらんなさい。

「この体験は、どのようにすれば自分にとってすばらしいものになるだろうか。自分の教訓となり、また、糧《かて》となるようにするためには、どのようなことを言い、どのように考え、またどのように行動すればよいのだろうか」

どんなときでも「今」「ここ」を楽しむ法

退屈な街のことや、つまらない催し物のこと、また、面白くもなんともないひどい場所のことについて人々が話しているのを、今まで何回聞いたことだろう。だが、クリエイティブで活気のある人は、そのような話はしない。

彼らはどこにいても、その状態が気に入っているのだ。なぜなら、彼らは、「今いるところは、ほかでもない私が、この瞬間にいるところなのだ。だから、その状態を嫌ったり、いやになってカッカしたりするくらいなら、逆に好きになったほうがよっぽどいい」。このような姿勢をとっているからである。

「ニューヨークはお好きですか」などと聞かれることもよくある。クリエイティブで活気のあるあなたなら、もちろん好きになるだろう。ニューヨークにいるときには、とくにそうだ。

ビスマークだって、バーミンガムだって、ベセズダだって、そこへ行けばきっと好きになるはずなのだ。地理的な位置がどうかなど関係ない。地理など、それぞれの特徴にすぎない。一区画の土地、ということにすぎない。

あなたは、今住んでいる街も、家も、また出席しているパーティーも、そこで一緒にいる仲間たちも、好きになることができるのだ。自分が今そこにいるのは、九九パーセントは自分自身の選択によるものだということを意識すれば、なおさらそうなるはずだ。残りの一パーセントだけが、あなたの関知しない純然たる〝与えられた状況〟なのである。

あなたのいる場所は常にあなた自身が決定している。であるからには、気に入りそうもない場所へ行ってしまうことなどない。そんな所へ行って何の得があるというのだろうか。

ただし、好きにはなれないけれども、現実問題としてそこから抜け出すことができない場合もある。たとえば刑務所や会議室などにいる場合がそうだが、このような場合は、別の場所へ行くというような選択権がもともとないのだから、好きになるもならないもない。つまり、好きにならないという法など、もともとあろうはずがないのである。

自分が選んだ場所なのにもかかわらず、そこが好きになれないなどと言うのはやめなさい。そんなことをして自分を犠牲にする習慣はやめるようにしなさい。

現在の状況について常に文句を言い、気分を害していると、ますますその状況がいやになる。そんなことをするよりは、クリエイティブで活気をみなぎらせる機会をつくるように心がけることが大切である。

「変わること」を恐れるな、億劫《おっくう》がるな

人生は一つの体験であり、したがって、そのときそのときではなく全体として良いか悪いかを判断されるべきものだと考えている人は多い。このような考えは、自分自身を犠牲にする。

人生はたった一つの体験などではない。そして常に変わりつつあるものだ。一生のうちの一日一日が、そして一日のうちの一瞬一瞬が、まったく新しい何かを意味しているのである。新たにあらわれてくる一瞬一瞬は、今まで存在しなかった瞬間だ。だから、あなたの見方次第で、数えきれないほどの多くの楽しみが生まれる。見方を決めるのはあなたしかいない。

人生を一つの体験だと考える人たちは、ほとんどの場合、幸せにはなれない。そういう人は意識的にしろ無意識的にしろ、常に自分たちの人生を顧み、評価しようとする。そしてこのことがすでに、現実からそむき、現在の瞬間をムダにすることなのである。

また、こういう人たちのほとんどは、他人は運がよくて幸福な人生を送っている一方で、自分は生まれながらにして不幸な人生を送るように運命づけられている、と考える。そしてこの自分の運命は、どうあがいても変えようがないものだと信じきっている。

これに対して、人生をいくつもの体験の連続だと考える人たちは、まったく別の人生ゲームをすることになる。彼らは、人生は永遠に変化していくものであるから、自分自身で操作が可能だと考える。だからこそ、古い生き方などには固執せず、新しい生き方を探し求めようとする。いかなる変化に対しても驚かず、むしろおおいに歓迎するのだ。

私の人生でもっとも重大な転機の一つになったのは、何年か前、たまたま大学教授の助手として、四五分間、研究室の管理をしていたときだった。その研究室の後ろの掲示板に「成功は旅であり、目的地ではない」ということばが書かれていたのだ。

私は、まる四五分間、そのことばを噛みしめ、心の底まで浸透させた。

その日まで私は、人生というものを一連の目的地の連続と考えていた。人生は出来事の連続で成り立っている、と見なしていたのだ。だから、卒業も、学位取得も、成績も、結婚も出産もすべて、出来事の目的地だった。つまり、人生という旅をしているのではなく、ただ単に、駅から駅へと運ばれているだけだったのである。

このとき以来、私は、目的地へ到達したかどうかを幸せの基準にしなくなった。代わりに、自分の人生全体は絶え間なくつづく旅なのだと考えることにした。そして、まさしく人生の一瞬一瞬は私が楽しむためにある、と考えることを誓ったのである。人生は、その途上の成績で評価してはいけないのだ。功績が平凡か、画期的かで判断してはいけないのである。

もし、功績などで人生を評価していたら、常に別の目的地を求めずにはいられなくなる。そのため常に欲求不満に陥り、現実に満足することは決してなくなる。何をやり遂げようとも、ただちに次にやるべきことを計画しなければならなくなるのだ。そして、自分がどれほど成功していてどれほど幸福なのかを計る新しいモノサシが、また必要になってくる。

そうではなく、心の目を覚まし、行く道の途上で出会うすべてのものを、じっくりと味わってごらんなさい。あなたをよろこばせるために、花はそこに咲いているのだ。それを楽しんでごらんなさい。あるいは、日の出や子供たち、彼らの笑い声、雨やまた鳥たちに心の波長を合わせてごらんなさい。今を味わい尽くすことだ。

安心してくつろげる地点に到達するまで待つ必要はない。それらは、永遠に手の届かぬ未来でありつづけるものだ。そんな地点に到達するまで待っていないで、今を味わい尽くしなさい。

成功というものもまた、人生そのものと同じく、瞬間の集まりでしかないのだ。私たちは一度に一つのものしか楽しめはしない。そういう瞬間が集まって成功となり、ひいては人生となっていくのである。このような原則さえ理解できれば、成功するために今を犠牲にするなどといった姿勢は激減するはずだ。

あなたの幸福は、成功を基準として考えるものではない。幸福とは、人生という旅全体を楽しむことなのである。つまり、幸福へ至る道などはない。幸福そのものが道なのである。

毎日を「一番ポジティブな自分」で生きる!

生活のあらゆる場面で、実際にどれほどクリエイティブで活気にあふれることができるかは、あなた自身がどのような姿勢を選択するかにかかっている。そして、その姿勢が本物かどうかは、事がうまく運んでいるときよりもむしろ、逆境と対峙《たいじ》しているときにわかる。

逆境にあるときは、その状況に負けてしまったほうがラクなように思えるものだ。たとえそれが自分をダメにするとわかっていても、辛い思いをするよりは、犠牲になったほうがずっとましだと思う。しかし、充分に自己発揮して犠牲になどならないようにすれば、不幸に傾きつつあった状況を、自分の都合のいいように方向転換することもできるのである。

一番大事なことは、自分の今いる状況をうまく利用できるよう、怠りなく身構える姿勢をとることだ。そしていろいろなことに考えをめぐらせてみること、また、しかるべきチャンスはないかと熱心に探し求めることである。

たとえチャンスに恵まれなかったとしても、前向きな姿勢をとりつづけること。そうすれば、ふさぎ込んでしまったために隠されていた利点を、また見出すことができるはずだ。

子供時代を思い出してみてほしい。子供のころには、人生が自分にとって大きな失敗になるかもしれない、などと誰も考えなかったはずだ。逆境だろうが何だろうが、それらをプラスに変えて、自分のために生かす名人だったはずだ。

たとえば、大雪になったために楽しみにしていたことができなくなっても、そのことを嘆いて一日をムダにするようなことはなかっただろう。大雪というマイナス状況も、楽しく遊ぶための機会に変えていた。雪だるまをつくったり、雪合戦をしたり、あるいは雪かきをして小遣いを稼いだりと、いくらでもやることはあったはずだ。ブツブツ文句を言っている暇などなかっただろう。つまり、クリエイティブで活気にあふれていたのである。

かつてのあなたは、授業の最中でも自分で気晴らしを見つけて、退屈を何とかしのぐ方法を知っていた。何をやっても楽しむことができたはずだ。当時は、どんな状況にあってもクリエイティブで活気にあふれていられるという特質が、自然にそなわっていたのである。

それが現在はどうだろう。物事が思うように運ばないと言ってはあきらめの姿勢をとり、それがために犠牲になってしまっている。自然にそなわっていたあの特質を失いかけているのではないだろうか。そして今の自分はどうしようもない、などと思っているのではないだろうか。

「どうでもいいこと」にこだわるエネルギーは他へまわせ

クリエイティブで活気にあふれるためには、できるだけ物事をコチコチに考えてしまわないようにすることが必要である。何をするにも正しい方法は一つしかないとか、あるいは、どんな場合もある特定の様式に従って行なわなければならない、などと考えていると、独創性と同時に自発性にも欠けてしまうことになる。

もしもあなたが、これをするにはこの方法でなければならないと決めつけ、その一方的な考えを他の人にも押しつけるならば、状況が変わるたびにあなたは犠牲者になるだろう。状況が変われば、そのたびに別な考え方や態度が必要とされるからだ。

その代わりに、心を広く持ち、同じことをするにもいろいろな方法が可能だということを認めれば、一方的な考え方になることは決してないだろう。いくつかの方法でやってみるのは、時間がかかる。しかしそうすれば、一つの方法だけが絶対で他はあり得ない、といった盲目的な考え方には陥らずに済むはずだ。

「正解が一つ」のものはこの世にない

フリードリッヒ・ニーチェはこう言っている。

私のやり方はこうである……。
あなたのやり方はどうだね？
決まったやり方など存在しやしない。

クリエイティブで活気にあふれる自分を育てようとする人にとって、これは最適なことばである。さらに、自分で自分を追いつめてしまうような頑《かたく》なさを、生活の中から排除したいと願っている人にとっても、最適なモットーとなるだろう。

一つの方法しか認めないという人にかかわったとき、もしもその人の代わりがいくらでもいるならば、相手との関係を断ち切ることもできる。このことを忘れてはならない。

新しい資料が発見されても自分の戦法を変えたがらない弁護士や、新たな症状が出てきても自分の主張を崩さず、計画通りに手術しようとする外科医。この種の人を考えてみればいい。

こんな人に自分の身を任せたらどうなってしまうだろうか。頑固な性格は、決して本当の専門家気質などではない。むしろ害になる可能性のあるものであり、自分の周りにあれば、取り除くべきものなのである。

このような頑なさは「独創的でない活気のなさ」とでも呼ぶことができるだろう。頑なさについて、私たちにとって大切な医療分野と関連させて、もう少し考えてみよう。

最近よく、わが国では不必要な手術が驚くほど多く行なわれている、という記事が目につく。毎年多くの女性が、避けられたかもしれない手術の犠牲になっている。不必要な婦人科の外科処置、不必要な子宮切除や卵巣切除などが行なわれているのである。こんなことは深刻な問題でも何でもないと思う人は、だいぶ前の広告を思い出し、それを考慮に入れてほしい。

広告の題は「手術よ、サヨウナラ。跡の残らない治療法」というものだった。広告はさらに、次のようにつづいている。

「手術よ、サヨウナラ。メスをつかわず、傷はできず。手術無用と名医は言う。手術よ、サヨウナラ。これまで考えられなかったような驚異の治療法――それは、ブルー・クロス＝ブロー・シールドからのビッグ・プレゼント」

そして、この医者の意見を無料で得るにはどうすればいいかが述べられ、さらに、このようなやり方を快く思っていない人間についても触れる。つまり、敵は同じ医者だというのだ。

医者には自分のやり方しか認めない頑固者が相当に多く、自分以外の第二、第三の医者の意見をひどく嫌うという。この広告は、その明確な証拠をも示していた。だからこそ、

「あなたが受診した最初の外科医に対しては秘密厳守します」と加えるのである。

いったいどうして、医療保険会社がこのような宣伝をしなければならないのか。いったいなぜ、二人目の外科医の意見を無料で聞く方法と、最初の医者にはそれを秘密にすると、わざわざ宣伝しなければならないのか。

非常に多くの医者が自分の考えに固執し、別の医者の意見を歓迎しないからである。医者は、自分たちの頑固な考え方のせいであなたが多少の器官を失っても平気なのだ。たとえ間違いが起こっても、トンネルの中から外を見るような、そんな狭い見方を変えようとはしない。

多くの外科医が、自分以外の第二、第三、そして第四の専門家の意見を必要としているのは確かだ。そして常にそれらの意見を探し求めている人もいる。有能な医者ならば誰でも、彼自身の診断をできるだけ多くの専門家に再検討してもらいたいと思っているものなのである。それは理に適ったことなのだ。しかしながら現実には、人々は「一つの方法」しか認めようとしない医者に保護されているだけなのである。

『生きる意志』に出てくる、合衆国の外科の発達を示す文献を批評して、アーノルド・A・ハッチネッカーはこう結んでいる。

「外科医の早急な診断による犠牲者の数が莫大であることは、今日きわめて明白である」

犠牲になるまいとする患者なら、手術に同意するにあたって、自分の納得がいくまでいろいろな医者の意見を聞こうとするはずだ。行動を起こすことに、決して尻込みしないのである。たとえかかりつけの医者がそれに反対をほのめかしても、別の医者を探そうとするに違いない。そして、その人は患者の生命と幸福とを重視する医者を探すはずだ。

いつまで「サル真似」をしているのか

頑なさは教育の分野にもはびこっている。それは、数学や化学実験、あるいは読書感想文や作文などにおいて、たった一通りの答えしかないと思い込んでいるような教師から、研究論文様式の手引きを厳格に用いている大学教授にまでおよんでいる。

だから、学校に行っている間は、まず間違いなく、あなたはこの種の頑なさに身をさらしていた。そして、反抗すると「落第」させられるというプレッシャーにより、成績というものの犠牲になっていた。これまであなたはほとんどの場合、この種の犠牲を受け入れていた。あるいは今もなお、受け入れているかもしれない。

しかし、これからはもう、受け入れる必要などまったくない。また、「一つの方法」しか認めないような学習法を子供たちに課することもないのである。

何をするのにも一つのやり方しかない、と教えられた者は、必ず一人残らず犠牲者にされてしまう。独創的な作家は、自分独自のことばを自然につかうのに、文法書を見たりなどしない。同じように、絵画や彫刻、作曲などにおいても、一つの様式を信じて疑わなかったような人は、偉大な芸術家の中にはいない。

どんな分野においても、偉大さとは、常にユニークで個性的であることを言うのである。それは、たとえ他の人によって培われることはあったとしても、誰かの作品と同じだと思わせるものだったりすることはない。あるいは、誰か別の人にやらせてもできるようなものでもない。

だから、何事をするにも、いくつもの方法を受け入れられるようにしなさい。そして、その時点で最良の方法を選択できるようにしなさい。あなた自身はもちろんのこと、他の人々もそのような選択ができるように鼓舞し、柔軟性のある自由な心を持つようにしなさい。そのためには、今はこの方法がいいが、明日は別な方法のほうがより適切になるかもしれない、という可能性を充分認識することだ。

W・サマセット・モームは、『人間の絆』の中で、頑なな性格について次のように描写している。

「すべて弱い人間がそうであるように、彼は決心を変えないことを、極端なまでに重んじている」

犠牲になる人も加害者も、ともにこのような狭い考えを持って生きている。そのために自分自身はもちろん、自分以外の人間の成長をもはばんでしまうことになるのである。

「忍耐」の前には、どんな運命だって頭を下げる

犠牲になりやすい人は、何かにつけてすぐにお手あげの状態になってしまう。それが、恐怖心からくるものであれ、あるいは激怒したり欲求不満からくるものであれ、感情的に身動きがとれなくなると、すぐにあきらめてしまう。

これに対し、「犠牲になるまいとする人」は、感情のとりこにならず、我慢する。犠牲になりたくなかったら、何事に対しても強い忍耐力を持って当たりなさい。耐えることをやめてはならないのだ。

前にも述べたように、人に長い間反対されつづけると、耐えきれずにその相手との争いから身を引いてしまう人が大勢いる。そんなに言うのならしようがない——このような態

度で生活していると犠牲になりやすい。だから多くの訴訟では、まさにこの戦法がとられる。

加害者側の弁護士は、たとえちっぽけな犠牲者たちが訴訟という大それたことを起こしても、びくともしない。なぜなら、犠牲者側がその年、そして翌年も勝てないと、最後には「勝手にしやがれ」とあきらめることを知っているからだ。

法律制度の基本の一つは、どうやら、ほとんどの人をあきらめさせることにあるようだ。「日常の正義」を求めようとしても、その経費に見合った結果はめったに得られない。

だからこそあなたは、法律の分野やその他で、それが我慢する価値のあるものなのかどうかを常に判断する必要がある。行動を続行すればなおさら犠牲にされるのではないか、と自分なりの判断を下さなければならない。

充分に想像力をはたらかせさえすれば、それほどひどくまき込まれることなく忍耐できる方法を考えつくだろう。また、財源があれば、あなたのために忍耐強く力を尽くしてくれる人を雇うこともできる。

犠牲にされないぞと意思表示をすることは、闘いも辞さないという決意表明をすることだ。そして、どんな闘いを進めていくのかを選ぶことでもある。それによって、自分には勝利を得るまでは闘い抜く用意があることを相手に知らせることができる。

ただし、充分に準備ができていないのに闘いのやり方を宣言するのは、何の得にもならないばかりか、しばしばかえって害になる。ポーカーと同様、人生においても、ハッタリなど何の役にも立たない。絶対にハッタリなどやらない人物だ、という評判がある場合以外は、ハッタリなどやっても無意味だ。

レルフ・チャレルはその著書『日常の不平不満をいかに大金に変えるか――しっかり者の日記』で、第一に、忍耐がどれほどの効果をあげるかを示している。そして、徹底的に闘うという決意と意気込みが、犠牲にしようとする人々にどれほどの効果をあげたかも示している。

忍耐、そして闘う意志こそが、この世でもっとも打ち負かすのがむずかしい連中に対しても効果をあげるのである。あなたが心から決意すれば、犠牲者になどならずに済むのだ。もっとも大切な鍵は、自己破壊的な感情を持たないことだ。つまり、カッカしないで物事に取り組むことだ。そして何かをする場合、誰か他の人のルールに従わなければならないなどと思わないこと。そうではなく、あなた自身の目的を達成するための構想を練り、自分独自のルールをつくるゲームだと考えなさい。

レルフ・チャレルもまた、ベルおばさんや管理人、また劇場の支配人や銀行員といった大勢の人々との対決について語っている。ここでのチャレルの主張は実に明確である。

それは、決して他人の言いなりにならないという考えを持ち、それを忍耐強く最後まで通せば、ほとんどの場合、目的を達成できるというものだ。そしてこの方法で目的達成のみならず、当初の予想をはるかに上まわる結果が得られることもしばしばある、という。

実際のところ、他人を犠牲にしている団体や個人は、忍耐強い人間に出会うことはほとんどない。だから、そういう人間の扱い方がよくわかっていない。彼らは根が弱い者いじめなのである。そのため忍耐強い人間に会うと、すぐにあきらめ、もっと手軽に犠牲になってくれる人に乗りかえる。そのほうが楽だし、賢明だと思うのである。

世のほとんどの人たちは、一人で立ち上がらなければならなくなると、羊のようにおとなしくなってしまうものだ。行動を起こす前からすでに、偉大な存在や「大人物」、あるいは「市役所」などにはとうてい太刀打ちできないという態度をとってしまう。そしてこのために、自分のほうから犠牲になってしまうのである。

けれども、今やあなたは、こんなことはクリエイティブで活気あふれる人間なら目もくれないことを知っている。そんなことはつくり話の神話にすぎないことを。あなたの行く手には数々のハードルがあらわれるが、その最初の数本を飛び越えさえすれば、あとは予定通りの行動をつづけることができるのだ。そして勝利を得ることさえ可能になる。

最初のハードルには、ほとんどの人が失敗してしまう。逆にいえば、だからそこにあるのだ。それさえ克服してしまえば、行く手には障害はほとんど残っていない。

結局は、こんな〝厄介者〟になれる人が勝つ

犠牲にならないためには忍耐強さが必要とはいえ、忍耐するために強情になることはない。あなたに犠牲になるまいという単純かつ率直な気持ちがあることを、相手に嗅ぎとってもらえればそれでよい。苦悩や混乱の限りを尽くして、結局はそれらの犠牲になるのではなく、自分の求める成果を得るために、必要なことだけをやるのだ。

ヘンリー・ウォード・ビーチャーはかつてこう書いている。

「忍耐と強情との違いは、前者は強い意志からくるものだが、後者は強い意地からくるものだということである」

年がら年じゅう何かをせがんでいる子供は、それが、気むずかしい親に自分の欲しいものを買ってもらうための一番効果的な方法だということを知っている。「もし、僕が我慢強く、風船ガムをママに何度もせがめば、ママはきっとあきらめて、買ってくれるんだ」というわけだ。

この親たちは、一回目、二回目、三回目の「ノー」の返事など無視すればいいということを子供に教えてしまっている。そして教えたことを忘れている。

親たちはたいてい、どんな子供の要求にも自動的にノーと言うのだ。ちょっとしためんどうをはぶくために、あるいは親の「威厳」を示すために。そしてこのため、いつも子供たちは犠牲になっている。だから子供たちは、一秒でもあきらめてしまえば、自分の目的を達成できないことを知っているのである。

ところで、多くの加害者たち、とくに組織や役所ではたらいている人たちは、この親たちと同じ理由でノーと言う。とすれば、彼らに対して、泣いてせがむ子供のようにふるまうのは効果のあることだろう。もちろん、そのような行為はあなたの体面にかかわることだろうが、彼らのような加害者を扱うのに、年がら年じゅうせがむ子供のやり方を応用すべきなのは明らかである。

といっても、何も口うるさくせがむことを是認《ぜにん》しているわけではない。ただ、この行為がときには非常に効果的だということはわかってもらえたと思う。逆にあなたのほうが、いつまでもこうるさくせがまれたくないのなら、それを助長するような行為はやめなさい。

あきらめずにせがんでいれば、あなたは、加害者たちにとってはやかましい人、厄介者になり、大企業にとっては脇腹に刺さったトゲのような存在になることができる。要は、あきらめないことだ。あきらめ、尻込みした途端に、ムチでたたかれて一列に並ばされる。そして、他の連中と同じように犠牲者名簿に名を連ねることになるだろう。

サー・トーマス・フォウェル・バックストンはこう言っている。

「私はある教訓を固守している。今までに私がその教訓から受けた恩は、そう多くはない。が、すべてがこれに負っている。その教訓とは、つまり、人並みの才能と人並みはずれた忍耐力があれば、あらゆるものを手に入れることができる、というものである」

この世で一番効力のある〝抗鬱《こううつ》剤〟

クリエイティブで活気にあふれているというのは、これまで陥っていた、行動できない状態を捨てることでもある。いつも何かに束縛されて身動きがとれない、という姿勢を捨てるということだ。

このようなゲームのキーワードは行動である。無気力を克服し、行動することによって、その分だけクリエイティブで活気あふれる気持ちを長持ちさせることができるのだ。

行動は、憂鬱や不安、ストレス、恐怖、心配、罪悪感、そして当然のことながら、束縛に対する唯一かつもっとも効果的な解毒剤である。

実際、憂鬱であると同時に行動的であるというのは不可能なことだ。活発に何かをしていれば、いつまでも意気消沈していたり、愚痴をこぼしたり、あるいは、のらりくらりしたり、自己憐憫におぼれる状態をつづけたりするのはむずかしい。たとえあなたが望んだとしても、できることではない。

だから、どんなことでもよい！　何かをしているということが、自分をフルに発揮できる人間であるためには、とても重要なのである。意気消沈するから行動力がなくなるのではなく、行動力がないから意気消沈してしまうのである。このことを認識しなければならない。

無気力は生きていくうえで免れ得ないことではない。むしろ、私たちは自分で求めて無気力になっていることが多いのである。だから、行動することは、自分自身の犠牲にならないための方法であり、同時に他人から犠牲にされないための成功間違いなしの方法でもあるのだ。

問題が生じたら、そのことについてブツブツ不平を言う代わりに、何か行動を起こすよう決心するのだ。そうすれば、自分の力で状況をガラリと変えることができるようになる。「それでは、自分に何ができるだろうか」とあなたは自問することだろう。答えは実に簡単明瞭だ。何もしないよりも、何かをやるほうがずっと効果的だということだ。

どんな状況になっても、後悔しない最善の生き方

次にあげる二つの考え方は金輪際《こんりんざい》やめること。さもなければ、どんな状況にあっても、あなたはクリエイティブで活気あふれる人間には絶対になれない。

1 「私にできることは何もない！」と自分を無能呼ばわりしない

「私にできることは何もない」と自分自身に言い聞かせてしまったら、常に不運につきまとわれることになる。そんな考えに取り憑《つ》かれている限りは、運は向いてこないだろう。常に何かしらできることはあるのだ。そして、犠牲になるまいとすれば、あなたは、新しい方法を実験し、試し、開発をはじめられるのである。

言い方を換えて、「何をしたらよいかはわからないけれど、ここにただすわっていて犠牲になるくらいなら、絶対に何かしらやってみせるぞ」と自分に言ってごらんなさい。このような心構えを持てば、少なくとも何らかの問題に取り組むことはできる。沈滞と無気

力を習慣づけるのではなく、新しい行動の習慣を育てることができるのである。

ただし、好ましい解答をせっかちに求めてはならない。また、行動すれば自分の中からいつでもいい結果が出てくるなどとも思わないことだ。そんなことを求めずに、いつまでも行動的で、いつまでも新しい道への挑戦をつづけることである。あれこれと試してみれば、きっとうまい方法を思いつくに違いないのだ。はじめから何もできないと言っていては、どんな思いつきも得られはしない。

2 「そういうものだから、仕方がない」と納得しない

この種のあきらめは、誤った考え方からくるものだ。それは、世の中の諸々のことはある様式をあらかじめ持っているので、それを変えることは不可能だという考え方だ。

そうではないのだ。人間を犠牲にする環境のほとんどは、実際問題、人間によってつくられたものだ。それなら、何とかしてそれを改善することもできるのである。

物事を変える可能性があるにもかかわらず、「そういうものだから」と言ってしまうと、その可能性を否定することになる。

たとえば、スーパーマーケットのレジの前に一時間も列をつくって並んでいるとしたらどうだろう。これをただ「こういうものなのだ、誰にもどうすることもできない」と言っ

てあきらめてしまったら、自分が犠牲者になることを請け合っているようなものだ。そうではなく、

「ちょっと待て！　私はこの店の客なんだ。だから貴重な時間を一時間も割いてまで、この店で買物する必要などまったくない！　他の人がおとなしく我慢していることなど、私の知ったことではない。何か方策を考えることにしよう」

こう言えば、スムーズに買物するための道が開かれてくる。刺激的なさまざまな選択肢があなたに向かって開かれてくるのである。

支配人のところへ直接行き、これ以上待てない、と言ってレジを通してくれるように頼むこともできる。あるいは、他のレジを開放しなければ、自分はもちろん、その他多くの客をも失うことになると言ってやることもできる。

それでも満足のいく反応が得られないなら、本店にこの状況を言いつけると告げなさい。買物用ワゴンをその場に置いて帰り、その店の長蛇の列のことを書いて本店に知らせてやると言ってやるのだ。そして、他の客にもそうするように誘いかけると言うのである。

あるいはまた、列の前に出ていって、袋詰めを手伝って列が速く進むようにするという手も考えられるだろう。

このようにいろいろな選択肢があるにもかかわらず、最初から自分で「最近のスーパー

はこんなもんだ」と言い聞かせてあきらめていたら、何一つ、案を考えつかないに違いない。一度そのあきらめの姿勢を崩しさえすれば、行動をし、何かを起こすような立場に自分をおけるようになるのである。

今日からこんなに力強く生きられる

『イワン・デニーソヴィチの一日』という小説の中で、アレクサンドル・ソルジェニーツィンは、シベリアの強制収容所の生活を紹介している。

この小説はイワン・デニーソヴィチ・シューホフの一日を語ったもので、凍てつく荒野のキャンプにおける生存者の赤裸々な姿と、彼らを襲った人間の理解の域を超えた残虐性に満ちた物語である。だがシューホフの姿勢は、最悪な環境においてもクリエイティブで、しかも活気を維持できることを示してくれる。この小説はこう締めくくられているのだ。

シューホフは満足しきって眠りについた。その日は思いがけず幸運なことがいろいろあった。独房には入れられなかったし、彼の班は例の開拓地に送られなかったし、夕食の雑炊を一杯かっぱらったし、班長は都合のよいレートを決めたし、壁造りはけっこう楽しかったし、弓鋸《ゆみのこ》の刃をくすねたし、夜にはツェーザーからおすそわけをもらったし、タバコも買えた。それに、ひどい病気にもならずに済んだ。幸せな一日だった。彼の収容期間中に、これと同じような日が三六五三日あった。レールをハンマーでカーンとたたく起床の合図から就寝の合図までの一日が――三六五三日。三日余分なのは、閏年《うるう》のためである。

家畜同然の労働を強いられる収容所において生き残れるか否かは、一瞬一瞬にできるだけの生きがいを見つけるかどうかによるのである。劣悪な体験を批判することでも、罪を悔いて罰に甘んじたり、簡単にあきらめてしまうことでもなく、むしろ、クリエイティブで活気にあふれる姿勢を持って現実に立ち向かうことが大切なのである。

専制下における悲惨な境遇を生き抜いてきた人たちの実話も、これとほとんど同様である。捕虜だった人であれ、ナチの収容所の生存者であれ、悪魔島での体験を書いているパピヨンであれ、それぞれが語っていることは、そのときどきの状況において、クリエイティブで活気にあふれているための心の持ちようなのである。それぞれが独自にそのことについて語っている。

今、この瞬間の自分を大切にし、自分自身をダメにするような姿勢は拒否すること。それが、強制収容所であれ、また日常生活であれ、生き抜くための基本的な要素のようだ。日常生活はたしかに収容所ほど苛酷ではない。しかし、その牢屋の鉄格子は自分自身がつくっている場合がほとんどなのである。

＊　＊　＊

個々の状況においてあなたが下す選択の積み重ねが、とりもなおさず、あなたという人間をつくり上げているのである。

あなたの姿勢をクリエイティブで活気に満ちたものに変えるならば、あなたは健全な選択をすることができる。そして、不利な状況を好転させるようにと常に注意を払い、自分の姿勢や予想を改善していけば、あるいはまた、新しい冒険に恐れずに立ち向かっていけば、あなたの生活をよりよい方向へと容易に向けることができるのである。

この地球上に住んでいる間は、フルに自分を発揮して、生気にあふれた人生を送るに限る――この世を去れば、永遠にその逆の体験をすることができるのだから。

（了）

本書は、小社より刊行した単行本『どう生きるか、
自分の人生！』を再編集の上、改題したものです。

PULLING YOUR OWN STRINGS
by Dr. Wayne W. Dyer

「頭《あたま》のいい人《ひと》」はシンプルに生《い》きる

著　　者――ウエイン・W・ダイアー
訳・解説者――渡部昇一（わたなべ・しょういち）
発 行 者――押鐘太陽
発 行 所――株式会社三笠書房
〒102-0072 東京都千代田区飯田橋3-3-1
電話：(03)5226-5734（営業部）
：(03)5226-5731（編集部）
http://www.mikasashobo.co.jp
印　　刷――誠宏印刷
製　　本――若林製本工場

ISBN978-4-8379-5669-3 C0030